KB019922

한 수줍음쟁이의 세상 정복기

VERSTECKEN GILT NICHT.
Wie man als Schüchterner die Welt erobert
by Melina Royer

소심해서 손해 보는
사람을 위한
사회생활 안내서

한 수줍음쟁이의 세상 정복기

멜리나 로이어 지음 | 유영미 옮김

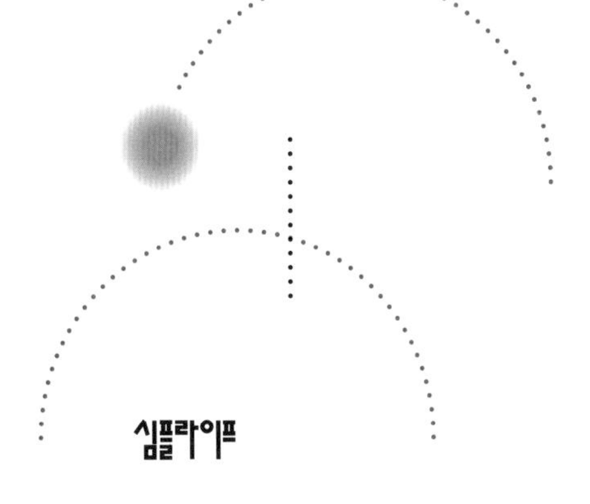

심플라이프

서문

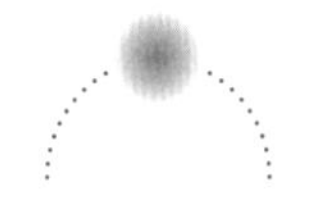

이 세상의 모든 수줍음쟁이들에게

낯선 사람들과 한 공간에 있어야 한다는 생각만으로도 벌써 머리털이 쭈뼛 선다.

제아무리 철저히 준비해도 소용없다. 계속 이런 질문이 머릿속을 맴돈다. '그들이 나를 어떻게 생각할까?' '오늘 내 몰골이 좀 이상하지 않나?' '웃음거리가 되는 건 아닐까?' '말실수라도 하면 어떻게 하지?' '쥐구멍에 들어갈 수 있다면 얼마나 좋을까?'

부담스러운 약속이 있는 날에는 아침부터 식욕이 뚝 떨어진다. 평소에 그토록 좋아하는 버터 크루아상을 한 입도 먹지 못한다. 초긴장 상태로 페퍼민트 차를 홀짝일 뿐. 고형 음식은 도무지 목구멍으로 넘길 수가 없다. 몸은 완전히 과민 반응 상태다. 체감상 맥박이 180까지 치솟고, 배가 쌀쌀 아프며, 얼굴이 화끈거린다. 속도 좋지 않아 연신 화장실을 들락거린다.

우이씨! 이런 증상을 아는 사람, 손 좀 들어보세요!

이건 단순히 무대공포증이 아니다. 수줍고 소심한 사람들에게 이런 느낌은 평범한 일상이다. 예전에 나는 낯선 사람을 대해야 하는 거의 모든 상황에서 위와 같은 상태가 되었다. 심지어 좋은 친구들과 만나는 자리에서도 비슷한 상태에 처했다. 때로는 판매원이 "특별히 찾는 게 있으세요?"라고 묻기만 해도 가슴이 벌렁거렸다. 수줍은 사람은 아주 작은 일에도 감정이 파국으로 치닫곤 한다.

소심하지만 당당하게

오랫동안 나는 수줍음이 저절로 해결되기를 바랐다. 살면서 경험이 쌓이다 보면 자신감이 생기고 수줍음과 두려움도 좀 사라지지 않을까 생각했다. 하지만 유감스럽게도 그런 일은 없었다. 지난 20년간 수줍음은 내 앞에 떡 버티고 앉아 목표로 가는 길을 가로막았다.

상상 속의 나는 약하지 않았다. 어디로 가야 할지, 뭘 원하는지를 명확히 알고, 거절과 거부를 두려워하지 않으며, 삶의 우여곡절을 용감하게 통과해 자신이 옳다고 생각하는 대로 나아가는 삶을 꿈꾸었다. 한마디로 강한 여자였다. 하지만 나와 내 이상 사이에는 늘 수줍음이 끼어들었다. 우리처럼 수줍은 사람들이 묵묵히 고개를 끄덕이고, 이해한다는 듯 수줍게 미소 짓는 것 외에 다른 행동도 할 수 있음을 사람들은 잘 모른다. 우리에게도 열정과 호기심, 목표가 있고, 아이디어가 넘치는데 말이다!

수줍은 우리는 우리가 가진 또 다른 면에 관해 잘 안다. 그런 면을 아무에게도 내보일 수 없을 뿐.

나는 고집이 상당히 세고, 내 의견을 굽히기 싫어하는 사람이다. 이런 성격 때문에 사춘기 시절에는 거의 매일같이 부모님과 싸우곤 했다.

하지만 가족 외의 다른 사람에게는 이런 면을 내보이지 못한다. 두려움이 크기 때문이다. 나는 오랫동안 두려움의 노예로 살아왔다. 그 과정에서 수줍음은 점점 커졌고, 그에 비례해 자존감은 점점 작아졌다. 새로운 경험을 꿈꾸거나 새로운 계획을 세우자마자 불안이 어두운 구름처럼 내 위에 드리워지고, 내 안에 온갖 두려움을 불러일으켰다. 일이 잘못될까 봐, 세상 사람들이 나를 나쁘게 생각할까 봐, 호감을 잃어버릴까 봐 두려웠다. 두렵고 두렵고 또 두려웠다. 나는 이 모든 두려움에 굴복했고 달팽이 집 속으로 깊이 파고들었다.

설상가상 사람들은 이런 나를 상당히 차갑고 거만한 사람이라 여겼고, 나는 이런 낙인에 상처받았다. 쳇, 내가 어떤 사람인지 제대로 알지도 못하면서……. 뭔가 억울한 심정이 들었다. 하지만 돌아보면 나는 사람들에게 거절당할까 봐 두려워 자신의 모습을 제대로 내보이지 못하고, 잘 웃지도 않고, 난감해하는 경우가 많았다. 그래서 간혹 조금 친해진 사람들에게 "이런 사람인 줄 몰랐네"라는 말을 듣기도 했다. 그러면 나는 그 말에 또 상처받았다.

잘 가라, 수줍음

수줍음과 결별하다니. 갑자기 벼락이라도 맞은 것 아니냐고? 전혀 아니다. 어느 날 아침에 깨어나 다른 사람이 되기로 마음먹고 단숨에 변신에 성공한 것이 아니다. 그랬더라면 참 좋았을 것이다. 하지만 그동안 난 내 편이 되어 사는 법을 배웠다. 그리하여 이제 수줍음과 소심함을 통제할 수 있고, 두려움에 '기가 꺾이지 않고' 의식적으로 행동할 수 있다.

내가 수줍음을 딛고 일구어낸 작은 열매는 이런 것들이다. 국영 TV 방송에 출연했고, 라디오 방송에서 인터뷰를 했으며, 남편과 함께 텍닥스TecDAX(독일의 기술주 전문 증시-옮긴이)의 일을 수주했고, 블로그를 시작해 내 삶을 인터넷에 공개했다. 콘퍼런스에서 처음 만난 사람들에게 말을 걸었고, 새 친구들을 사귀었으며, 유명 여성지와의 인터뷰에서 나의 수줍음과 소심함에 관해 이야기했다. 낯을 가리는 바람에 꿈도 꾸지 못했던 패션디자인 경연대회에 참가해 입상했고, 무엇보다 책을 쓰기 시작했다. 야호!

중요한 건 그 이상의 일이 일어났다는 것이다. 한 번 거절했다는 이유로 며칠간 죄책감에 시달리며 나 자신을 미워하지 않게 되었고, 다른 사람들 앞에서 내 의견을 말할 수 있게 되었으며, 많은 사람 앞에서도 이야기할 수 있게 되었다. 내게 있어 이것은 획기적인 발전이다.

나는 늘 내가 이 세상에서 가장 수줍은 사람이라 생각했다. 당신도 그렇게 생각할지 모른다. 다른 사람들이 당신에 관해 좋은 말을 해도 그 말을 잘 믿지 못할지도 모른다. 하지만 나는 이런 면에서 내가 많이 달라졌음을 알기에, 당신도 달라질 수 있음을 안다. 쉽지는 않지만 가능하다. 수줍음과 소심함을 극복할 수 있다.

난 이렇게 달라졌다

무척 수줍어하는 사람이 책도 쓰고 방송에도 나갔다고 하면 의아하게 들릴지도 모르겠다. 솔직히 말해 내가 얼마나 수줍고 겁 많은 사람이었는지를 여실히 드러내는 내 이야기를 수많은 사람이 읽을 거라고 생각하면 기분이 썩 좋지만은 않다. 하지만 나는 이런 목소리가 내 안에서 너무 많은 자리를 차지하지 않도록 했다. 또 다른 목소리는 내게 이렇게 말한다. "해봐! 다른 사람들에게 용기를 줄 수 있을 거야!"

더는 뒤에 꼭꼭 숨은 채 내가 관심 있는 주제에 관해 이야기하지 않으며 살고 싶지는 않다. 나는 소심하고 겁 많고, 늘 자기 의심과 자기 회의에 시달리며 살았다. 그러나 어느 순간부터 수줍음이 나를 좌지우지하지 않게끔 하는 데 성공했다. 이 책에서 바로 이런 경험을 나누고자 한다! 물론 그냥 수줍음과 타협할 수도 있었다. 날개가 없는 돼지는 굳이 날지 않아도 되지 않겠는가. 날지 않고 살아도 그리 큰 문제는 없어 보인다. 돼지가 온종일 '하, 옆 우리에 사는 거위처럼 내게도 날개가 있다면 얼마나 좋겠어'라고 생각하지는 않을 것이다.

지금 이대로 족하다고 충고하는 사람들이 있다. 그냥 생긴 대로 살라고, 누구나 자기 자리가 있는 법이고, 굳이 변화를 모색할 필요가 있겠냐고 말한다. 무리 속에 끼어 대세를 따라가며 되도록 눈에 띄지 않게 살아가는 게 최상이라고 한다. 하지만 생긴 대로가 무슨 말인지? 수줍은 사람들이 지금 생긴 대로 살고 있다고 생각하는가? 이처럼 안주를 권하는 태도는 변화의 자양분이 되지 못하며 인격 성장에 독이 된다. 겁 많고 수줍고 눈에 띄고 싶지 않다는 이유로 영원히 자신의 가능성을 묻어둔 채, 평생 집에 틀어박혀 살아갈 필요는 없지 않을까. 나는 자유롭고 싶었고 자신감을 느끼고 싶었다. 어떻게 하면 그럴 수 있는지 오랫동안 알지 못했을 뿐.

이 책이 나처럼 수줍고 겁도 많고 꼭꼭 숨고만 싶은 사람들에게 용기를 주었으면 좋겠다. 당신 역시 이 책을 통해 당신처럼 느끼는 사람이 아주 많음을, 당신은 혼자가 아님을 알게 될 것이다. 나는 멜리나이고, 당신처럼 수줍은 사람이다. 나는 당신이 어떤 생각을 하고, 어떤 기분을 느끼는지 알고 있다. 그래서 당신과 함께하고자 한다. 모르는 사람들뿐인 행사에 가기가 꺼려지는가? 이제 내가 당신과 동행하도록 하겠다. 더는 혼자가 아니다. 나와 함께 가자! 본연의 자신으로 거듭나 바람직한 삶을 살 수 있다는 걸 보여주겠다. 쉽지 않은 길이지만 할 수 있다. 다른 사람으로 변신해야 하는 게 아니다. 단지 우리 속에 있는 걸 펼치기만 하면 된다. 수줍음과 소심함에 가려져 있지만, 우리 속에는 에너지도 많고 용기도 내재되어 있지 않은가. 이런 용기와 에너지를 이용해 자신을 위해 그리고 다른 사람들을 위해 생각보다 더 많은 것을 할 수 있다.

자신감 충전 중

내 블로그 '바닐라 마인드Vanilla Mind'도 이런 생각에서 비롯되었다. 나는 2014년 10월에 이 블로그를 시작하며 세상에서 가장 많이 팔리는 아이스크림 이름을 따 블로그 이름을 지었다. 누구나 아는 이름, 세상 어디에나 있는 이름.

그래서 영어권에서 '바닐라'라는 말은 '지루하다' 혹은 '평균적이다'와 동의어로 사용된다. 우리는 바닐라처럼 살아가고 있지 않은가. 주변 세계는 우리를 일정한 틀에 집어넣고자 한다. 모두를 똑같은 잣대로 측정하고, 평범해지는 걸 강요하는 사회 분위기다. 나는 '바닐라 마인드'라는 말로 이런 경향을 드러내고 수줍은 이들이 자신을 더 신뢰하고 개성을 한껏 드러내도록 돕고 싶었다.

블로그를 개설하며 제일 설레었던 점은 독자들과 무언가를 나눈다는 것이었다. 나와 비슷한 어려움을 겪어온 여성들을 위한 공간을 만들고자 했다. 같은 걱정, 같은 괴로움을 나누고, 완벽하게 연출한 모습 대신 허심탄회하게 자신을 드러내어 이야기할 수 있는 공간을 만들고 싶었다.

나는 이 책에서 내가 그동안 수줍은 인간으로 살아가며 깨달은 바를 나누고자 한다. 누누이 확인하는 사실은 나 같은 인간이 적지 않다는 것이다. 독일의 통계 전문 사이트 스태티스타statista.de의 조사에 따르면 응답자의 20퍼센트 이상이 자신을 수줍은 사람이라고 말했다. 수줍은 인간이라는 정체성을 가진 이가 적지 않다는 이야기다. 아울러 나는 블로그를 하며 친해진 친구들의 목소리도 이 책에 담았다. 용기 있게 자신의 생각을 나누어준 친구들에게 감사를 전한다.

누구를 위한 책일까?

이 책에서 나는 웃음거리가 되는 걸 두려워하지 않고 나 자신을 내보이고자 한다. 창피한 일들도 굳이 숨기지 않을 것이다. 어떤 부분은 정말 우스워 보일지 모르지만 독자들도 허심탄회하게 받아들여 주기 바란다. 우스워 보일지라도 우스운 문제가 아니라는 걸 우리는 알고 있다. 나는 이 책에서 정말 가차 없이 솔직하고자 했다. 독자들도 솔직하게 임했으면 좋겠다!

물론 수줍음을 좋게 보는 사람도 있다. 수줍음을 찬양하는 글들도 있다. 그들의 말에 따르면 수줍은 사람은 생각이 깊고 신중하다. 전체적인 시각으로 사안을 바라보고 예리하게 판단한다. 물론 어느 그룹에든 객관적인 시선을 가진 수줍은 관찰자가 한 명쯤 있으면 좋을 것이다. 아울러 수줍은 사람들에게 종종 호감이 느껴진다는 말도 맞는 이야기일 것이다.

하지만 그거 아는가? 그래봤자 수줍은 사람에게는 별 득이 안 된다는 걸. 늘 쭈그러든 채 주어진 삶을 마음껏 펼치지 못한다면 무슨 유익이 있겠는가! 게다가 '수줍음'은 힘든 현실을 외면해도 된다는 면죄부가 아니다. 그리고 정작 중요한 것은 수줍은 당사자는 이렇게 자신 없이 다른 사람들의 반응에 전전긍긍하며 살아가는 상태를 떨쳐버리고 싶다는 것이다.

더욱이 우리는 수줍음을 극복해도 여전히 좋은 관찰자로, 신중한 발언자로 남을 수 있다. 그 점은 걱정하지 않아도 된다. 인성을 바꾸려는 게 아니라 일상에서 종종 우리 마음에 혼란의 소용돌이를 몰고 오는 사회공포증만 손보려는 것이니 말이다. 이 책은 사람들과의 첫 만남에서 '아이스 브레이킹' 할 수 있는 50가지 방법 같은 것을 제안하지 않는다. '스몰토크를 시작하기에 좋은 문장 50개' 같은 패턴으로 솔깃하게 하는 책이 많다. 나도 많이 읽어보았지만 도움이 되지 않았다. 결정적인 순간에 긴장해버려 죄다 까먹고 마는데 자연스러운 대화를 시작할 수 있는 50가지 문장이 무슨 도움이 되겠는가.

나는 다른 방향에서 접근해 수줍음을 극복했다. 바로 자의식을 손보았다. 나는 일단 내 감정의 주인이 되어, 수줍은 태도가 어디에서 연유하는지, 자꾸만 나를 소심하고 겁 많은 사람으로 만드는 원인이 무엇인지를 규명하고자 했다. 독자들도 예상했겠지만 마냥 즐겁기만 한 작업은 아니었다. 나는 진흙탕을 통과해야 했고, 필요한 답을 찾아 자아의 심연 속으로 뛰어들어야 했다. 자존감을 높이고 수줍음을 극복하려면 자신의 감정 세계를 잘 알아야 한다. 자, 고무장화를 신고 진흙탕으로 뛰어들 준비가 되었는가!

수줍음 지수 셀프테스트

이 셀프테스트를 통해 예전에 나의 일상을 쥐고 흔들었던 크고 작은 괴로움들을 한눈에 조망할 수 있다. 각각의 항목을 읽으며 속으로 '맞아요!'라고 외친다면, 우리는 아주 잘 통하는 사람들이고 당신은 이 책을 무조건 읽어나가야 할 것이다.

▶ (당신은) 쉽게 긴장한다. 다른 사람들 앞에서 자기 생각을 이야기해야 하는 상황이 되면 몹시 가슴이 벌렁거린다. 다른 사람들에게 관심받는 건 기분 좋은 일이지만, 갑자기 자신에게 이목이 집중되면 숨이 턱 막혀온다. 이럴 때 곧잘 쓰는 탈출 전

략은 바로 화장실로 달려가는 것. 화장실에 다녀오는 거야 누가 문제 삼겠는가.

- 온종일 다른 사람들이 자신을 어떻게 생각할지에 신경 쓴다. 가까운 사람이 한 말이건, 그렇지 않은 사람이 한 말이건 모든 의견이 중요하게 다가온다. 모든 사람에게 잘 보이고 싶다. 그럴 수 없다는 걸 알고 있지만 그래도 그렇게 하고 싶다. 웃긴 건, 그렇게 노력하며 사는데도 죄책감에 시달린다는 것이다.

- 그르칠까 두려워 아예 해보지도 않고 포기하는 일이 많다. 안전한 건 안전한 거니까. 시도하지 않으면 실망할 일도 없다. 빨리 개장하기를 손꼽아 기다려온 가게의 오픈 기념 파티에 초대받았다고? 흠, 그런데 가지 않는다. 가봤자 뒷전에 서서 혼자 샴페인이나 홀짝이고 있을 게 분명하니까.

- 쇼핑하러 갔다가 저 멀리 지인이 보이면 '못 본 척'해버린다. 예기치 않은 장소에서 만나 스몰토크를 하는 건 정말이지 피하고 싶은 일이다. 그래서 못 본 척 외면하며 쇼핑 목록을 적은 쪽지를 들여다보거나, 냉동시금치를 찾아 냉동고 속으로 머리를 들이민다.

- 다른 사람들에게 거부당하거나 웃음거리가 될까 봐 마음이

이끄는 대로 행동하기가 힘들다.

▶ 자신을 타인과 비교하면서 그들의 삶이 자신의 삶보다 더 수월하다고 생각한다. 모두가 당신보다 더 편안하고, 머리가 좋고, 아름답고, 날씬하고, 좋은 것들을 가지고 있다.

▶ 어떤 생각에 꽂히면 떨쳐내지 못한다. 누군가가 한 말을 듣고 밤에 자리에 누워 '어떻게 그렇게 생각할 수가 있지? 내가 잘못한 건가? 나를 놀리려는 거야 뭐야?' 라는 식으로 생각을 돌리며 잠을 설치는 경우도 있다. 생각의 쳇바퀴를 돌리는 데 선수다.

▶ 자신이 한 일에 여간해서는 만족하지 못한다. 100퍼센트를 해내지 못했다는 느낌이 들면 무척 짜증 난다. 100퍼센트? 아니 150퍼센트면 더 좋다! 당신은 전형적인 완벽주의자다.

▶ 칭찬을 받으면 어쩔 줄 모른다. 물론 평소에는 인정받기를 갈구한다. 그게 아니라면 무엇 때문에 이렇게 힘들게 살겠는가? 하지만 정작 칭찬을 받으면 너무 부담스러워서 대부분 자신을 끌어내린다. "고마워요. 그런데 별일 아니에요. 그런 칭찬 들을 만큼 대단한 일이 아니에요."

▶ 예민하며 툭하면 울어버린다. 영화를 보면서도 곧잘 눈물을 흘린다. 하지만 공공장소에서는 아무에게도 눈물을 보이지 않는다.

▶ 누군가가 자신을 쳐다보면 못생겨서 쳐다본다고 생각한다. 아니면 이 사이에 음식물이 끼었거나. 외모 칭찬을 받으면 그 말을 진짜로 믿지 않는다. 온전한 내 모습으로 있을 때 기분 좋은 경우가 드물다.

자신과 닮은 구석이 보이는가? 자존감이 거의 남아 있지 않음을 축하하는 바이다. 자존감이 바닥을 쳤으며 스스로 매일 그것을 짓밟고 있다. 그 느낌이 어떤지 너무나도 잘 안다. 나는 두려움이 계속 몰려옴에도 한 걸음 한 걸음 목표로 나아갔던 경험을 나누고자 한다. 한마디만 더 덧붙이자면 이 책은 우선 수줍은 여성을 위해 썼지만 남성이 읽어도 좋다!

이 책의 활용법

어차피 다 부질없는 짓이고, 수줍음은 그저 혼자 평생 지고 가야 할 짐이라고 생각한다면 이 책을 옆으로 치워버리는 게 나을 것이다. 나는 늘 새로움을 추구하는 사람이다. 나는 열린 생각을 지향하고 강박에서 자유로워지기를 원한다. 밥숟가락 놓을 때까지 두려움에 좌우되는 삶을 살고 싶지 않다. 물론 이런저런 핑계를 대며 문제 앞에서 숨어버리고 우주에 책임을 전가할 수도 있을 것이다.

"난 원래 이 모양으로 생겨먹었어. 어쩌지 못해"라고 포기하거나 "과거에 이런저런 일만 없었어도 영 다른 사람이 되었을 텐데"라고 한탄할 수도 있을 것이다.

당신은 트라우마를 경험했을 수도 있고, 불우한 유년기를 보냈을 수도 있다. 여러 면에서 남보다 열악한 조건 속에서 살아왔는지도 모른다. 나는 그것이 얼마나 비참한 느낌인지 알고 있다. 하지만 무슨 소용인가. 모든 것이 얼마나 열악했는지에 관한 이야기를 한평생 우려먹을 수도 있다. 하지만 이런 이야기를 되풀이한다고 해서 앞날이 달라지는 건 아니다. 우리는 지금 여기에서 자신의 삶을 책임져야 한다. 분명한 건 이것이다. 해결책이 감 떨어지듯 저절로 굴러들어오지 않는다는 것. 우리는 그 방법들을 스스로 발견해야 한다.

공연히 시간과 에너지를 쏟지 말고 주어진 상태를 그냥 받아들여야 한다고 믿는 사람 역시 이 책과는 맞지 않다. 내면의 두려움을 극복하는 것이 얼마나 보람찬 일인지 설득할 힘까지 내게 남아 있지 않기 때문이다.

아울러 성격을 임상적으로 평가하는 것은 내 능력을 넘어서는 일이다. 자신의 수줍음이 병적인 성격을 띤다고 판단된다면 심리치료사에게 자신의 감정과 두려움을 이야기해보라.

나는 단지 내 경험을 들려줄 뿐이다. 그것을 어떻게 활용할지는 당신의 손에 달려 있다. 이 책을 풍성한 뷔페처럼 이용해보도록 독자들을 초대하는 바이다. 능력껏 자신의 구미에 맞는 것들을 취해보라. 나는 내가 시험해본 방법에 기초해 조언을 들려주고자 한다. 나는 정말로 많은 방법을 시험해보았다. 물론 그중에서 모든 것이 당신에게 유용하지는 않을 것이며, 내 경우가 당신에게 똑같이 해당되지도 않을 것이다. 그러므로 일단 맘 편하게 읽어보라. 앞에서부터 읽고, 거슬러서도 읽고, 군데군데 읽어보라. 중요한 것은 전에 두렵고 소심해서 하지 못했던 일을 시도하는 것이 얼마나 멋진 일인지를 경험하고 즐거움을 되찾는 것이다.

차례

2장 수줍음의 또 다른 얼굴들

3장 안전지대를 넓혀줄 9가지 훈련

4장 자신감을 끌어올리는 환경은 따로 있다

5장 당당한 수줍음쟁이로 살아가기

1장

수줍음쟁이의 탄생

수줍은 이들의 이미지는 어떠할까?

"그림 동화에서는 수줍은 여자들이 점수를 딸 수 있었다. 그곳에서는 사랑스럽고 조신하고 소극적인 아가씨들이 왕자님의 손에 이끌려 성으로 가서 왕자님과 결혼했다. 그런데 오늘날 동화를 각색해 만든 영화는 우리 시대 분위기를 반영한다. 여기서는 신데렐라가 왕자님을 말에서 밀어낸 뒤 자신의 의사를 충분히 표명한다. 이어 왕자가 그녀에게 반해 사랑에 빠진다. 수줍고 부지런한 골드마리 대신 오늘날의 남자들은 세련되고 당당한 페히마리Pechmarie를 택한다." (「홀레 부인」이라는 그림 동화에 나오는 인물들로 골드마리는 얌전하고 착하게 묘사되고, 페히마리(독일어의 페히는 불운이라는 뜻)는 당돌하고 안 좋게 묘사된다-옮긴이)

수줍음은 이런 이미지를 갖고 있다. 이 글에 따르면 수줍음은 사랑스럽고 조신한 것인 동시에 재미없고 개성 없고 내숭 떠는 것이다. 뭐, 그리 봐주니 고맙다고 해야 할까! 물론 수줍은 사람들은 '이 글을 쓴 사람은 수줍은 게 뭔지 모르는구나' 생각할 것이다. 하지만 이 글은 수줍은 이들이 매일같이 싸워나가야 하는 편견이 무엇인지를 여실히 보여준다. 주변 사람들은 수줍은 겉모습 뒤에 얼마나 흥미로운 인격이 숨어 있는지 보지 못한다. 이것만으로도 안타까운 일이다. 그러나 더 안타까운 일은 수줍은 사람들 스스로 그 일에 일조한다는 사실이다.

앞서 인용한 글은 결혼정보업체 '엘리트 파트너Elite Partner'의 홈페이지에서 본 것이다. 이 사이트를 둘러보는 건 꽤나 재밌었는데, 다양한 성격을 흥미롭게 개괄해놓고 있었기 때문이다. '수줍다'는 속성에 관한 이미지도 소심하게 구석에 숨어 있는 회색쥐부터 거만하고 차가운 공주까지 다양했다. 나 역시 사람들이 나에게 그 모든 꼬리표를 붙이는 걸 들어본 적이 있다.

/// 수줍음의 의미를 찾아서

소극적이고 사람들 앞에서 말을 잘 못하는 사람(내 경우 두 사람만 있어도 그렇게 되었다), 낯선 사람과 쉽게 친해지지 못하고, 종종 자신 없고 주눅 든(기죽은) 태도를 보이는 사람을 일컬어 흔히 수줍다고 말한다. 수줍은 사람은 다른 사람들에게 거리낌 없이 다가가거나 상대방의 눈을 보고 대화하는 걸 힘들어한다.

물론 수줍음에도 정도의 차이가 있다. 많은 사람 앞에서 발표할 때처럼 특수한 상황에서만 수줍어하는 사람이 있고, 거의 모든 사회적 상황에서 자신 없고 수줍은 태도를 보이는 사람이 있다. 맞춰보라. 나는 어느 쪽이었을까? 당연히 후자였다.

심지어 나는 집에서 일할 때도 누가 볼세라 문을 꼭꼭 닫고는 했다. 전화 통화할 때 근처에 누가 있으면 자꾸 신경이 쓰여 말이 잘 나오지 않았다. 전화기에 대고 버벅거리고 나면 얼마나 자괴감이 느껴지는지, 되도록 전화를 하지 않으려고 말도 안 되는 핑계를 대곤 했다. 그나마 문자와 와츠앱(우리나라의 카카오톡과 비슷한 모바일메신저 서비스-옮긴이)이 구원투수로 등장했지만 글자로 보낸 메시지는 오해를 유발하는 경우가 잦았기에 어쩔 수 없이 전화 통화를 해야 하는 경우가 생기곤 했다.

우체국에서 식은땀을 흘린 경험도 있다. 은행에 계좌를 개설하기 위해 신원 인증('포스트이덴트'라는 독일의 신원 인증 프로그램으로, 계좌를 개설하기 위해 해야 하는 경우가 있다. 우체국에 직접 가거나 온라인으로 인증을 받는다-옮긴이)을 받으러 신분증을 들고 우체국으로 달려갔다. 그런데 인증 절차가 진행되는 동안(기껏해야 5분 정도 걸렸지만 체감 시간은 50분은 되는 것 같았다) 내 뒤에 대기자가 하나둘씩 늘어났고, 이 사람들이 금방이라도 나를 잡아먹을 것만 같은 기분에 사로잡혔다. 그래서 식은땀이 줄줄 흐르고 얼굴이 벌겋게 달아올랐으니……. 호러를 방불케 하는 상황이었다.

좁디좁은 안전지대

안전지대란 편안하고 안전하다고 느끼는 상황을 말한다. 우리가 본연의 모습으로 존재할 수 있는 환경이다. 안전지대가 작을수록 수줍음은 더 심해진다. 예상했겠지만 나의 안전지대는 애당초 상당히 작았다. 나는 집에서 가족들과 있을 때만 맘 편히 본연의 모습으로 존재할 수 있었다. 쇼핑이나 모임에 가야 할 때면 스트레스가 치고 올라왔다. 그나마 혼자 다닐 때가 사람들과 같이 다닐 때보다 더 자유로웠다. 어차피 혼자 해결해야 한다는 것을 알았기 때문이다. 내 안의 나는 독립적이고 자유를 사랑했지만, 세상 모든 것이 나를 불안하게 만들었다. 걸음을 옮길 때마다 도자기 가게로 들어가는 기분이었다. '자칫 잘못 움직였다가 엄청나게 비싼 접시라도 깨면 어쩌나' 늘 그런 심정이었다.

주변 사람들은 무엇이든 쉽게 하는 것 같은데, 나는 치과나 미용실에 전화 예약 한번 하려 해도 감정의 롤러코스터를 타야 했다. 동료들이 당신에게 같이 피자를 먹으러 가자고 제안했다고 치자. 동료들이 내게 관심을 보이니 너무나 기쁘다. 하지만 당신은 어떻게 반응하는가? 그냥 마다해버린다. 가서 어떻게 행동해야 할지 예상이 안 되기 때문이다. 불확실한 요소가 너무 많다. '가서 대체 무슨 이야기를 해? 난 스몰토크에 약한데.' '나를 이상하게 생각하면 어떻게 하지?' 그래서 당신은 터덜터덜 집으로 돌아가 혼자 맛없게 피자를 먹는다. 아, 물론 피자는 배달앱으로 시킨다. 그래야 아무하고도 말을 안 할 수 있으니까.

안전지대가 사람마다 다르다 보니 수줍음을 간단하게 정의하기 어렵다. 모두가 이 개념을 자기 나름대로 해석한다. 내 경우 수줍음은 내가 주변 세계에 다가가기 위해 넘어야 하는 사회적 불안의 집합체다. 수줍음은 실제로 여러 가지 두려움을 아우르는 상위개념이다. 그것이 어떤 두려움들인지 자세히 살펴보자.

수줍은 사람들 1

◇◇

달걀 어디 있냐고 묻기가 왜 이리 힘들까요?

드디어 내 집을 마련해 독립한 참이었어요. 이사하느라 난리를 치고 가구를 들여놓고 가전제품을 연결하고 나니 냉장고를 채워야 했죠. 낯선 동네에서 처음으로 장을 보러 마트에 갔어요. 그런데 생각지도 못했던 난관에 부딪혔어요.
머릿속으로 사야 할 것을 하나하나 체크해가면서 카트에 물건을 골라 담았어요. 일요일 아침에 먹을거리로 또 뭐가 필요하더라? 맞아, 달걀! 그런데 달걀이 어디 있을까? 국수 진열대 쪽에? 냉장고 안에? 하지만 없었어요. 대체 달걀을 어디에 둔 거야? 나는 처음부터 다시 진열대를 훑기 시작했어요. 하지만 보이지 않았어요. 이럴 수가, 이게 어찌 된 일이지? 어딘가 분명히 있을 텐데……. 나는 다시 한 번 마음을 가다듬고 마트 안을 유심히 둘러보았어요. 그러다 저쪽에서 달걀을 손에 든 여자를 발견했어요. 이런 순간이 되면 수줍은 인간의 머릿속은 바빠지기 시작해요.

달걀을 꼭 사야 할까? 그렇다면 저 사람한테 물어봐야 할까? 불친절할지도 몰라. 아냐 친절할지도 몰라. 뭐라고 말을 걸지? 달걀 어디서 가져오셨어요? 우습다고 생각하지 않을까? '바보 아냐?' 하는 표정을 지을지도 몰라. 누가 내게 그런 질문을 던지면 난 어떤 반응을 보일까? 그 생각을 하자 풋 하고 웃음이 나왔어요. 그나마 웃으면 다행인데 나를 잡아먹을 듯 쳐다보면 어떻게 하지……. 이런저런 생각을 하는 사이 내가 그렇게 오매불망 찾는 달걀을 든 여자가 계산대로 다가가는 게 보였어요. 아, 이젠 정말 시간이 없어. 얼른 가서 용감하게 물어보든가 아니면 그냥 포기해야 해……. 어쩌지??

믿기 어렵겠지만, 수줍은 사람들에겐 이런 평범한 상황도 넘기 힘든 장애물로 다가와요. 따뜻하고 친숙한 안전지대를 벗어나기가 힘들죠. 하지만 예전에 어떤 똑똑한 사람이 이런 말을 했다죠. "진정한 삶은 안전지대 밖에서 시작되는 것"이라고요. 그리고 이제 저도 제대로 된 삶에 막 도착한 참이었어요. 난생처음 내 집을 갖게 되었으니 내 삶에 책임을 져야 하는 게 아닐까요?

일요일에 달걀 없이 아침을 먹긴 싫었어요. 그래서 심호흡을 하고 그 여자에게 다가가 이렇게 물었죠. "죄송한데 달걀 어디 있어요?" 그녀는 미소 지으며 채소 코너 옆에 놓인 상자를 가리켰어요. 그토록 애타게 찾던 달걀이 그곳에 버젓이 놓여 있었지요. "감사합니다." 나는 인사를 하고 돌아서서 미소 지으며 속으로 내 어깨를 토닥여주었어요. 어떻게 세 번이나 그 상자 곁을 지나치면서 보지 못했을까요. 뭐 비일비재한 일이지만요. 그렇게 한순간 이나마 나는 안전지대를 박차고 나올 수 있었답니다.

코랄리의 경험담

/// 우리는 어쩌다 수줍은 사람이 되었을까?

다시 한 번 유년기를 들먹여야 할 것 같은 시점이다. 어떻게 생각하는가? 당신이 수줍은 게 오직 어릴 적 경험 탓일까? 그게 전부일까? 아니면 다른 원인이 있을까?

나 역시 오랫동안 이런 질문을 해왔고, 내가 수줍은 성격을 갖게 된 것에 어린 시절이 큰 역할을 했음이 분명하다고 생각한다. 우리 부모님은 활달함과는 거리가 먼 분들이었다. 조용하고 나서지 않는 성격이었다. 그런 분위기에서 자라다 보니 나 역시 시끄러운 수영장 같은 데 가는 걸 썩 즐기지 않았고 부모님도 내가 하고 싶은 대로 하게 내버려 두었다. 학교 밴드부나 운동 서클에 들라고 권하지 않았고, 나 역시 떠들썩한 활동에 별 관심이 없었다.

수줍음이 신체적인 이유에서 비롯한다고 말하는 사람도 있고, 타고난다고 보는 학자도 있다. 1989년에 시작해 연구 대상자들이 성인이 될 때까지 계속됐던 제롬 케이건Jerome Kagan의 장기 연구 결과에 따르면 두뇌의 특정 중추가 유아기 때부터 이미 미지의 자극을 어떻게 취급할지에 영향을 미친다고 한다. 제롬 케이건은 신생아와 유아들을 연구해 그중 다수가 이미 편도체(편도체는 두려움을 관장하는 중추이다)가 과민한 상태로 태어난다는 결론을 내렸다.[1]

편도체는 아몬드 모양으로 생긴 뇌 속 구조로서, 두려움이 발동되는 데 관여하며, 위험한 상황을 감지하고 평가하는 데 중요한 역할을 한다. 연구에서 편도체가 쉽게 흥분하는 유아들은 별것 아닌 일에도 무서워하며 울음을 터뜨렸다. 처음 경험하는 새로운 상황이 낯선 사람을 만나는 것만큼이나 무시무시하게 다가온 것이다. 케이건의 동료인 칼 슈워츠Carl Schwartz는 후속 연구에서 어릴 적 소극적이고 소심한 아이로 분류된 아이들은 만 18세가 되어서도 수줍은 태도를 보인다는 것을 확인했다. 아울러 예민한 아이들은 전전두피질(충동 조절과 사회적 적응을 담당하는 전두엽의 일부분)이 보통 아이들과 다른 구조를 가지고 있는 것으로 나타났다.[2] 이것은 상당히 흥미로운 결과다! 무엇보다 만 5세 정도 되면 자존감이 거의 다 발달하며, 그 뒤에는 만 20세가 될 때까지 작은 변화밖에 일어나지 않는다는 사실도 이미 밝혀진 상태이기 때문이다.

만들어진 수줍음

하지만 유전적 소질은 수줍음 방정식의 한 가지 요소에 불과하다. 교육, 개인적 체험, 문화도 영향을 행사한다. 수줍음은 환경에 대한 반응으로써 훈련된 태도이기도 하기 때문이다. 수줍음이 어떻게 훈련되는지 일본과 이스라엘의 예를 살펴보자.

수줍음 전문가 필립 짐바르도Philip Zimbardo는 얼마 전「오늘의 심리학Psychology Today」지에 기고한 한 기사에서 자신이 가르치는 학생 중 일본과 대만 출신의 대학생들이 미국 출신의 대학생들보다 더 수줍은 태도를 보인다고 썼다.[3] 이런 관찰은 개개인에 국한된 것이 아니라, 정말 대체적인 패턴으로 나타났다. 자신감이 가장 충천한 학생들은 바로 유대인이었다. 그렇다면 문화가 아동의 태도와 발달에 영향을 미치는 것일까? 이런 심증을 확인하기 위해 짐바르도는 일본, 대만, 이스라엘을 찾아갔다.

짐바르도의 연구는 문화가 태도 형성, 특히나 수줍음과 관련한 태도의 형성에 얼마나 영향을 미치는가를 흥미롭게 조망할 수 있도록 해준다. 태도 형성의 열쇠는 아이가 어떤 일을 했을 때 부모가 그에 대해 칭찬 혹은 책임 전가를 어떻게 하는지에 달려 있었다.

아이가 어떤 과제를 잘 해내지 못했을 때 누구의 책임으로 돌리는가? 과제를 잘 해냈을 땐 누구의 공으로 돌아가는가?

일본에서는 아이가 잘했을 때 부모나 조부모, 교사에게 영예를 돌리고 아이는 빈손이 된다. 반면 아이가 실패했을 때 그 책임은 아이에게 돌아간다. 그 결과 일본 아이들은 될 수 있으면 무리에서 튀는 행동을 하지 않으려는 성격을 갖게 된다. 일본 속담 중 "튀어나온 못이 정 맞는다"는 말이 있을 정도다.

이와 반대로 이스라엘에서는 노력하는 아이에겐 결과와 무관하게 칭찬과 인정을 쏟아붓는다. 경쟁 구도 속에서 아이가 크게 잘하지 못해도, 아이의 책임으로 돌리지 않는다. 오히려 충분히 아이를 훈련시키지 않은 교사가 책임을 진다. 물론 부모들이 이를 악용할 수 있지만 그럼에도 이런 분위기에서 자란 아이들이 자존감이 높고 실패를 많이 두려워하지 않는 사람으로 자라는 것은 자연스럽다. 그렇게 성인이 되면 위험을 감수하더라도 목표를 이루려는 경향이 더 커진다.

그렇다면 독일의 분위기는 어떨까? 내가 보기에 이런 면에서 독일은 일본과 가까운 듯하다. 물론 일본보다는 좀 약화된 버전으로 말이다. 독일 사람들은 "투정하면 칭찬 못 받지"라고 말하곤 한다. 그리고 교만해져서 나댈까 봐 되도록 칭찬을 아낀다. 자칫 교만해질 위험이 있으니 칭찬을 하지 않는 게 낫다는 식이다! 나는 이런 분위기에 화가 난다. 칭찬을 한다고 곧장 반대편 극단으로 치우쳐 교만해지진 않는다. 나는 개인적으로 칭찬이 주는 긍정적인 효과가 더 크다고 생각한다. 칭찬받으면 기뻐서 다음번에 조금 더 잘하려고 노력하게 된다. 칭찬은 의욕을 부추기고, 능력을 꽃피우게 하며, 무엇보다 감정적으로 위축되지 않게끔 한다. 물론 건설적인 비판도 중요하다. 하지만 비판은 독일에서 이미 충분히 이루어지고 있다고 생각한다.

내가 할 수 있는 일과 할 수 없는 일

이미 눈치챘는가? 이 모든 요인, 즉 유전적 소질, 유년 시절, 개인적 체험, 문화적 영향은 우리 스스로 선택할 수 없다. 그러므로 우리는 수줍은 사람이 되는 데 그 무엇도 기여한 바가 없다. 여기까지는 확실하다. 그러나 그렇다고 이런 사실이 우리의 운명을 결정한다는 뜻은 아니다. 그렇다면 이 책을 읽을 필요도, 변화를 도모할 필요도 없을 것이다. 수줍음의 원인을 묻는 이유는 책임을 묻기 위해서가 아니다. 물론 자신의 이야기를 아는 것은 흥미롭고 필요한 일이지만, 이런 지식으로 무엇을 할 수 있단 말인가?

이 책을 시작하면서 언급했지만, 아무리 반복해도 지나치지 않은 말, 그것은 결국 스스로 자신의 인생을 책임져야 한다는 것이다. 출발 조건이 열악했다 하더라도 자신의 인생을 책임지고, 두려움을 제어할 줄 알아야 한다. 모든 부모는 최선을 다해 자녀를 키웠다. 물론 실수도 많았다. 부모 역시 어린 시절과 삶의 경험에 의해 주조된, 부족한 사람들일 뿐이니까. 그리고 부모건, 교사건, 누구든지 간에 아무도 오늘 여기서 당신의 인생을 책임져

줄 수 없다. 당신의 문제를 대신 해결해줄 수 없다. 당신의 삶에서 일어난 모든 일, 당신의 뜻대로 되지 않았던 모든 일을 나쁘게 말하지 말라. 부정적인 경험도 인생에 긍정적인 자양분이 될 수 있다. 중요한 건 부여받은 카드로 어떤 게임을 할 것인가이다.

/// 수줍음인가, 심리 장애인가

많은 조언서와 인터넷 포털 사이트에는 수줍고 소극적인 것은 정상이며, 심리 장애가 아니라고 나와 있다. 자신이 다른 별에서 온 것 같고, 머리에 뭔가 문제가 있다고 생각했던 사람들은 그런 문장을 읽으며 일단 안도의 한숨을 쉰다. 하지만 그럼에도 많은 사람에게 수줍음은 매일의 삶을 상당히 제약하는 불쾌한 특성이다. 수줍음 때문에 인간관계에 제약이 생긴다면 얼마나 자괴감이 들 것인가. 수줍음 때문에 기껏 만난 삶의 파트너를 잃는 사람도 있고 수줍음으로 말미암아 아예 파트너를 찾지 못하는 사람도 있다. 이쯤 되면 더 이상 웃음이 나오지 않는다.

사람들과 어울리는 것을 극도로 꺼리고 그 거부감이 극복하기 힘들 만큼 큰 경우를 일컬어 심리학자들은 '사회불안 장애'

혹은 '사회공포증'이라 말한다. 이런 장애는 '다른 사람들이 나를 어떻게 생각할까'를 생각하기 시작하는 연령, 즉 사춘기 정도에 비로소 발생한다. 수줍음과 사회공포증 간의 경계는 유동적이며, 케이스 바이 케이스다. 이 책에서 그 경계는 중요하지 않다. 분명한 것은 당신의 상태는 불변하는 것이 아니라는 점이다. 당신의 수줍음이 지나치게 고질적이라고 여겨진다면 심리학자나 심리치료사와 자신의 느낌에 관해 이야기해보는 것도 좋다. 특히 혼자서는 도저히 헤쳐나갈 수 없는 느낌이라면 말이다. 어찌됐든, 소심함과 불안으로 말미암아 많은 사회적 상황들이 스트레스와 부담으로 다가온다면, 뭔가를 변화시킬 시기가 된 것이다. 자꾸만 뒤로 숨고 싶은 증상을 그대로 방치하면 행복감이 상당히 떨어질 뿐 아니라 개인적인 성장도 정체된다. 그리고 굉장히 괴로운 상태가 된다. 이런 상태를 너무 오래 방치하면 어떻게 되는지 나의 경우를 이야기해보겠다.

도망치고 싶은 상황들

수줍고 내성적인 성향으로 말미암아 닫아걸은 인생의 문들 중 특히나 뼈아팠던 경험이 있다.

수줍은 인간으로서 나의 그늘진 실존이 절정을 이루었던 시기는 대학입학 자격시험을 코앞에 둔 때였다. 상급 학년이 되면서 결석하는 날이 점점 더 늘어갔다. '병결'이라 미화되었던 이때의 날들은 사실 내가 수업 중에 일어나는 특정 상황을 너무나 견디기 힘들어서 감당하지 못하고 도망친 날들이었다.

나는 수업 시간에 발표하는 상황을 견디지 못했다. 더 기겁했던 것은 수학 시간이었다. 수학 선생님과 마주치기 싫어 조퇴하고 집으로 달려가는 날이 꽤 있었다. 수학 선생님은 수업 시간에 재미 삼아 학생을 한 명 콕 집어 앞으로 불러내어 문제를 풀게 했다. 선택된 학생은 칠판 앞으로 나가 다항식 나눗셈이나 적분 문제 같은 걸 풀어야 했다. 당시 나는 타인의 이목이 나에게 집중되는 것 자체가 부담스러워 수업 시간에 절대로 발표 같은 걸 하지 않았는데, 이런 내게 동급생 25명이 내 뒷모습을 뚫어져라 쳐다보는 가운데 다른 애들은 눈 감고도 풀 수 있는 문제를 풀지 못하는 상황은 가히 악몽이었다. 심지어 지옥불 속으로 뛰어드는 것처럼 느껴졌다.

지금도 수학 시간만 떠올리면 당시 경험했던 패닉이 고스란히 느껴진다. 나는 작고, 소심했고, 무방비 상태였으며 거의 발가벗겨진 기분이었다. 마치 내가 실수하기만을 기다리는 배고픈 불도그들이 가득한 방 안에 홀로 서 있는 느낌이랄까? 아무도 내게 악의를 가지고 있지 않았지만, 내게 시선이 쏠릴 때마다 나는 그런 기분을 느꼈다. 그리하여 나는 어느 순간 모든 걸 포기하고 자꾸 결석했다. 이것도 일종의 해결책이다. 그렇지 않은가? 하지만 어리석게도 좋은 해결책은 아니었다.

이제 만 서른에 가까워지고 보니 도망치는 것은 문제를 해결해주지 못한다는 걸 누누이 깨달았다. 당시에도 나는 이런 나의 행동에 대가를 치러야 했다. 우선 필기시험을 망쳤고, 성적표는 거의 바닥을 헤맸다. 대입 자격시험이 몇 달 안 남은 상태에서 말이다.

며칠 잠을 자지 못하고 마음고생을 한 뒤에 나는 일단 학업을 중단하고 정신을 가다듬으려 애썼다. '스스로 인생을 그르치다니, 소심한 나머지 졸업장도 못 받았어, 아주 꼴좋다' 하는 심정이었다. 그해 말에 나는 학교를 옮겨 다시 대학입학 시험을 준비하려 했다. 나는 멍청이도 아니고 나약하지도 않다는 것을 스스로에게 증명하고자 했다. 하지만 나는 거의 신경쇠약 직전에 있었고, 더구나 새로운 동급생들과 처음부터 다시 시작해야 한다는 점을 사전에 충분히 고려하지 못했음을 절감해야 했다.

그리하여 결국 나는 대학입학을 포기하고 직업교육 자리를 찾았다. 그리고 늘 원해왔던 곳에 상당히 빠르게 들어갔다. 바로 출판 편집 디자인 일을 배우는 곳이었다. 이 일을 배우기 시작하면서 내가 얼마나 안도감을 느꼈을지 상상해보라. 드디어 내가 선택했고 내 눈높이에 맞는 새로운 삶이 가능해진 것이다. 누가 강요하는 곳이 아니라 내가 원하는 곳에서 일을 배울 수 있게 되었다.

희생자 역할을 자처하다

하지만 대입 자격시험을 포기하고 대학에 가지 못했다는 사실은 이후 두고두고 내 마음을 아프게 했고, 그 일을 완전히 떨쳐버리기까지 수년이 걸렸다. 내가 내 무덤을 팠다는 사실, 두려움에 휘둘렸다는 사실이 못내 아프게 다가왔다. 나를 바라보는 나의 입장이 자신을 나약하고 의지박약한 인간으로 만든다는 것을 처음으로 깨달은 것이 바로 그즈음이었다. 그랬다. 돌아보니 나는 그저 상황의 희생자일 따름이었다. 동급생이나 선생님 같은 타인의 의견을 무지막지하게 중요시하다 보니 나 스스로를 망가뜨리면서 그들의 기대를 허겁지겁 쫓아갔다. 그리하여 스스로 자신에게 맞는 길을 헤쳐나가는 대신 자신을 시스템에 치이도록 만들었다.

학창 시절은 지나가고, 삶은 수학 시간보다 더 멋진 시간들을 허락해준다는 사실을 우리는 알고 있다. 그렇다. 인생은 학교보다 더 멋진 것들로 가득하다. 그러나 문제는 이것이다. 학창 시절이 끝난다고 만사가 해결될까? 문제가 다 공중분해 되어버릴까? 유감스럽게도 그렇지 않다. 학교만이 수줍은 사람들을 힘들게 하는 것이 아니기 때문이다. 반대로 성인이 되면 주어지는 기대는 더 커진다. 그런 마당에 전화 통화조차 힘들어하면 어떻게 되겠는가? 나는 정말 오랫동안 전화 통화를 꺼렸다. 전화를 하지 않으려고 온갖 핑계를 다 지어냈다. "(상대가) 틀림없이 자리에 없을 거야!" "지금 다른 스케줄이 있을 거야. 방해하지 않는 게 좋겠어." "목이 좀 칼칼하네. 그냥 이메일을 써야지."

쇼핑하러 가서 판매 직원과 부딪히는 것도 고역이었다. 의류 매장을 열 번 정도 배회하다 마지막에 절망해서 가게를 나설지언정 판매원에게 물어보기는 싫었다. 그의 임무가 심지어 나를 돕는 것인데도 말이다. 낯선 사람에게 말 거는 걸 힘들어하는 사람은 보통 새로운 사람을 잘 사귀지 못하며 그러다 보니 연애 파트너를 찾기도 더 힘들다. 물론 파트너가 그를 발견해주기를 기다릴 수 있겠지만, 곰팡이가 필 때까지 기다리는 것은 재미도 없고 종종 굉장히 힘들다.

지인의 초대를 받으면 어떤가? 기꺼이 가는가? 아니면 갔다가 여러 사람이 모인 자리에서 분위기가 어색해질까 두려워 고사하는가? 나이가 몇 살이든 딜레마는 늘 같다. 어울릴 것인가, 혼자 있을 것인가? 싸울 것인가, 퇴각할 것인가? 용기를 낼 것인가?

솔직해보자. 전화하는 것 같은 별것 아닌 일도 심리적 스트레스 테스트가 된다면……? 정말 문제다! 두려움에 끌려다니는 건 정말 건강하지 못한 일이다. 나는 그걸 알고 있었고 "전화도 못 하면서 어떻게 일을 제대로 해내겠어?"라고 자문했다.

나는 조금씩 조금씩 수줍음을 조절해나가며 다른 사람들에게 마음을 열고 다가가는 연습을 했다. 그렇다고 완전히 자신감 넘치고 적극적인 사람이 되었다는 뜻은 아니다. 하지만 스스로에게 더 만족하고, 자신을 더 신뢰할 수 있게 되었다. 그러자 마음이 굉장히 홀가분해졌다! 전에 나는 잘 꺾이는 지푸라기와 같았다. 에너지도 없고, 의지도 없고, 무엇보다 삶에서 자신이 원하는 것이 무엇인지도 몰랐다. 내 머릿속은 그냥 텅 빈 진공 상태였고, 시공간 속에서 함께 부유할 따름이었다. 주변 세계가 가는 대로 함께 갈 뿐, 감히 내 의견을 말하지 못했기에 늘 대세를 따랐다. 수줍음은 건강하지 못한 정도까지 불어날 수 있는데 나는 정말 그 경계까지 나아갔다.

수줍은 사람들 2

주눅 들고 수줍은 내가 싫었어요

어릴 때부터 거절당하거나 잘못을 지적당하는 게 무척이나 싫었어요. 행동을 하기 전에 세심하게 생각해서 어리석은 짓을 하지 않으려고 애썼죠. 기회 있을 때마다 나를 깔보고 깎아내리는 남자애가 있었거든요. 잘했다고 칭찬을 듣는 경우는 아주 드물었어요. 집에서도 그랬어요. 그러다 보니 어느 순간 나는 내가 못났다고 생각하게 되었고, 다른 사람들도 나를 안 좋게 생각할 거라고 믿었죠. 그 남자애가 아이들을 부추겨 나를 따돌리도록 만들었기 때문이기도 했고, 내가 자존감이 낮고 늘 열등감을 느꼈기 때문이기도 했어요.

나는 그렇게 주눅 들고 수줍은 내가 싫었어요. 속으로는 그토록 많은 생각을 하면서 말이에요. 내 도피처는 책이었어요. 독서를 좋아해서 늘 책의 세계에 파묻혀 살다시피 했지요. 상상력도 풍부했어요. 만 다섯 살 때 이미 읽고 쓸 줄 알았고, 아름다운 것들, 자연, 깊은 대화, 꿈같은 상황과 꿈꾸는 사람에 대한 감수성이 높았어요. 예민하고 정의를 사랑했고, 관찰력이 높았어요. 유치원 때부터 그랬죠. 그런데 이런 기질을 지니고 사는 건 정말 쉽지 않았어요. 주변 사람들과 선생님마저도 계속해서 나를 다그쳤거든요. "좀 더 자기표현을 해봐라. 아무개처럼 좀 활달해져라. 마음을 열고 솔직해져 봐라." 나는 다른 아이들과 비교당하는 게 싫었어요. 어렸어도 모든 생명은 유일무이한 존재라는 걸 어렴풋이 알고 있었거든요.

그러다 보니 학년이 올라가면서 나를 좀 바꿔야 했어요. 나는 체구에 맞게 더 강해지기로 결심했죠(나는 늘 반에서 가장 크거나 두 번째로 큰 여자애였어요). 그래서 일단 거울 앞에 서서 당당해지는 연습을 해봤어요. 내 이상형은 삐삐 롱스타킹이었어요. 나는 엄마 화장대 거울 앞에서 다리를 넓게 벌리고 서서 손을 허리에 대었죠. 그러고는 자신감 있게 다른 아이들 앞에 서서 그 아이들의 눈을 쳐다보는 연습을 했어요. 그냥 내 자신을 있는 그대로 받아들였어요. 우리는 모두 각자 나름대로 놀라운 사람들이니까요.

나는 차츰 나와 비슷한 성향을 가진 아이들이나 쉬는 시간에 내가 보호해줘야 할 여린 아이들과 친구가 되었어요. 모두에게 웃으며 인사를 하고 다니기 시작했죠. 이웃들, 우체부 아저씨, 학교 수위 아저씨, 선생님 등등. 그리고 말하기 연습을 했어요. 서클에 들어서 핸드볼을 하고 무용도 했고요.

그러다 결전의 날이 왔어요. 늘 나를 무시하던 그 남자애랑 맞붙었죠. 학교에서는 이미 오래전에 그 남자애에게 뒤질 게 없는 상태였어요. 그런데 그 애는 다시금 나를 골탕 먹이려 했어요. 그 애가 한여름에 뜨거운 공중전화 부스 속에 나를 가두려 한 순간 나는 속으로 삐삐 롱스타킹을 상상하며 공중전화 부스 속으로 그 애를 밀어 넣었어요. 하지만 힘이 약해서 문을 오래 붙잡고 있지는 못했죠. 그 애는 문밖으로 몸을 반쯤 빼냈고, 그 순간 나는 화가 머리끝까지 솟아서 문을 확 밀쳐버렸어요. 그 바람에 그 애의 이 하나가 문에 부딪혀 어긋나고 말았죠. 정말 안된 일이었지만, 그 애는 그래도 계속 실실거리며 내게 다시 욕을 했어요. 정말 비열한 욕을요. 하지만 나는 아무렇지도 않았어요. 이제는 정말 내가 강해진 것 같았죠. 그 남자애의 이는 앞으로 튀어나왔는데 완전히 빠지지는 않은 상태였어요. 입술은 점점 더 부풀어 올랐어요. 이제 어른이 된 그 애는 지금도 이가 툭 튀어나와 있답니다.

나처럼 수줍은 사람들에게 몇 가지 조언을 해드릴게요.

◆ 힘을 북돋워주고 나 자신을 소중히 여기게끔 하는 책들을 읽

어라.

- 자기 자신이 되고, 자신을 자랑스러워하라!
- 있는 그대로 인정받고 받아들여지고 싶은 건 아이나 어른이나 마찬가지다. 부모라면 자신의 아이를 인정해주고, 있는 그대로 사랑하라.
- 자신의 삶을 살고 남들과 비교하지 말라!
- 규칙적으로 조용한 충전의 시간을 가져라. 그 시간에 좋아하는 활동을 하거나, 아무것도 하지 말고 그냥 쉬어라.
- 스톱 테크닉stop technic을 이용해 자신을 비하하는 생각을 끊는 연습을 하라. 힘 빠지는 생각이 떠오르자마자 크게 "스톱"이라 외치고 생각을 중단하라. 상징적인 형식을 동원하는 것도 좋다. 가령 부정적인 생각을 쓰레기통에 던져 넣는 상상을 하는 것이다. 자신에게 도움이 된다고 생각하는 비유와 이미지를 활용하라.
- 불안과 두려움은 그에 대처해 적극적으로 무언가를 할 때만이 줄어드는 법이다. 능동적으로 긴장을 풀어주면 불안이 많은 자리를 차지하지 못한다. 나는 두려움 앞에서 도망치지 않고 용감하게 맞서려 한다. 삐삐 롱스타킹처럼.
- 개인적인 행복의 순간들을 모아서 기록해놓아라. 예쁜 수첩에 기록하거나, 쪽지에 써서 유리병에 모아놓았다가 기분이 꿀꿀한 날 이런저런 기록을 찾아 읽으며 아름다웠던 순간들을 떠올려보라.

- 혼자서는 진전이 없거든 가족이나 친구에게 도움을 구하라. 코치나 상담사를 찾아가도 좋다.
- 자기 자신을 사랑하는 법을 연습하라.
- “나는 괜찮은 사람이야, 있는 그대로 소중한 사람이야”처럼 자신을 긍정하는 말을 해주고, 자기 자신을 나쁘게 생각하지 말라.
- 자신을 주눅 들게 하거나 얕잡아 보는 사람들을 무시하라.

티나의 경험담

/// 내향적인 사람 VS.
수줍은 사람

수줍음과 내향성은 절대 같지 않다. 따라서 이 자리에서 짚고 넘어가고자 한다! 수줍거나 내향적이지 않은 사람들은 이 두 속성을 한통속으로 묶는 경향이 있다. 내게는 내향적이지만 수줍음과는 거리가 먼 친구가 많다. 그들은 누가 그들을 수줍다고 치부하면 두드러기 반응을 보인다. 가히 모욕으로 받아들인다.

수줍음은 사람들에게 거부당하거나 무시당하는 것에 대한 깊은 두려움과 관계되기에 고통과 떼려야 뗄 수 없다. 따라서 수줍음이 타인과 관련한 소심하고 불안한 태도라면, 내향성은 기질로서 내적 두려움과는 별 관계가 없다.

두 속성의 섬세한 차이를 이렇게 표현할 수 있다. 내향적인 사람들은 사회적 두려움이 없다(물론 내향적인 동시에 수줍은 사람도 있다). 내향성과 외향성은 두 가지 서로 다른 인성적 특질이다. 갈색 소와 검은 소가 있고, 작은 물고기와 큰 물고기가 있으며, 행동이 빠른 동물과 느린 동물이 있는 것처럼 말이다. 그러므로 내향성은 그저 성격적 특징이지 두려움이나 불안, 소망과는 별 관계가 없다.

내향적인 사람들은 주로 혼자 시간을 보내며 에너지를 충전하는 반면, 외향적인 사람은 밖에 나가 사람들과 어울리면서 에너지를 얻는다. 외향적인 사람들은 주변에 사람들이 있을 때 에너지 배터리가 가득 충전된다. 내향적인 사람들은 종종 조용하고 소극적인 성격으로 묘사된다. 그들은 혼자 시간을 보내거나 소수의 사람들과만 어울린다. 외향적인 사람들은 반대다. 여러 사람과 어울리고, 열정적이고, 모험을 좋아한다.

하지만 외향성, 내향성도 다른 현상들과 비슷하다. 흑백뿐 아니라 중간도 있다. 이런 두 가지 특성이 서로 다르게 배분된다. 그래서 자신이 내향적인지, 외향적인지 잘 모르겠다는 사람이 많다.

외향적인 사람도 수줍을 수 있다?

수줍음 자체는 바꿀 수 있다. 두려움을 다루는 법을 배울 수 있기 때문이다. 반면 외향성과 내향성은 바꿀 수 없다. 혼자 조용히 시간을 보내고 싶은 내향성은 수줍음을 극복해도 남는다. 방금 살펴보았듯이 인간의 실존적인 필요이기 때문이다. 외향성과 내향성은 과도한 사회적 불안을 가지고 살아가느냐 마느냐를 결정하지 않는다. 즉 수줍은 사람 모두가 내향적인 사람은 아니며, 내향적인 사람 모두가 수줍은 사람은 아니라는 뜻이다. 수줍음은 내향적이건, 외향적이건 상관없이 모든 성격에 나타날 수 있다.

나는 내향적인 동시에 수줍은 인간에 속한다. 내향적인 인간으로서 나는 계속 사람들에게 둘러싸여 있는 건 싫지만, 그렇다고 은자처럼 살지는 않는다. 다른 사람들과 어울리고 싶어 한다. 물론 많은 사람이 모인 떠들썩한 장소는 싫지만 친근한 사람이 몇몇 모인 자리에서는 이야기도 폭포수처럼 쏟아낼 수 있다. 그러나 사람이 많은 곳에서는 절대 그럴 수 없다. 흔히 내향적인 사람은 "물론 나도 네 친구가 되고 싶어. 다만 너를 만나거나 너와 이야기하고 싶지는 않아"라는 모토에 따라 사람들과 관계 맺는 것을 원하지 않고, 다른 사람과 교류하는 것에 가치를 두지 않는다고들 하는데 그렇지 않다.

내가 내향적인 성격이라고 해서 고독한 암자에 들어가 아무도 만나지 않으며 살고 싶은 것은 아니다. 뭐, 암자에서도 인터넷은 되겠지. 하지만 재미는 저리 도망가 버린다. 내향적인 사람도 마음이 통하는 사람들을 사귀고 싶어 한다. 너무 떠들썩하게 많은 사람이 모인 곳만 아니라면 말이다. 하지만 내 경우는 내향적인 속성이 수줍은 속성과 결합하여 다른 사람에게 마음을 열기가 어렵다.

내 남편은 지극히 내향적이지만 전혀 수줍은 사람이 아니다. 사람들과 잘 어울리고, 사람들이 많은 자리에서도 무리 없이 좋은 경청자가 되지만, 기본적으로 혼자 있는 걸 좋아한다. 떠들썩한 모임에서 스몰토크 하는 걸 많이 좋아하지 않아도 곧잘 한다. 동시에 다른 사람들이 자신에 대해 어떻게 생각하건 그리 신경쓰지 않는다. 과히 예민하지 않고 선을 잘 그으며, 자신의 의견도 기탄없이 이야기한다. 의심스러운 경우 팩트 폭탄을 곧잘 날리고 모진 말도 서슴지 않는다. 그러므로 그는 절대 수줍은 인간이 아니다. 요즘 그는 늘 이렇게 말한다.

"나머지 36년은 여태껏 살아온 36년처럼 살지 않을 거야. 더는 다른 사람들이 하자는 대로 하지 않고, 내가 좋은 대로 할 거야."

지금까지 남편은 이 말을 지키고 있다. 솔직히 이런 태도가 너무 부럽다. 남편은 내향적이지만 수줍지 않은 인간의 좋은 예이다.

반대로 외향적이지만 수줍은 인간도 있다. 없을 것 같지만 실제로 있다. 외향적인 사람도 사람들이 모인 자리에서 상당히 긴장하고 소심한 모습을 보일 수 있다. 굉장히 솔직하고 사람들을 좋아하지만, 이것이 꼭 전혀 주눅 들지 않고 자신감 있게 나아간다는 뜻은 아니다.

수줍은 외향성 인간은 종종 이런 말을 듣는다. "당신이 사람들 앞에서 수줍어한다고요? 어머나, 안 그러실 것 같은데요." 수줍은 동시에 외향성을 지닌 사람은 사람들이 모인 자리에서 아주 자연스럽고 능숙한 태도를 보여주기에, 그들이 때로 자신감이 없으며, 다른 사람들을 상처 주거나 스스로 상처받을까 봐 두려워한다는 사실을 아무도 믿지 못한다.

아주 활달해 보이고 천연덕스럽게 연기하는 배우들 중에서도 자신을 수줍은 사람이라고 말하는 경우가 있다. 놀랍지 않은가? 수많은 사람 앞에 서고 '멋진' 역할을 연기하는 사람이 어떻게 수줍을 수 있을까? 「007 카지노 로열」에서 본드걸을 연기한 에바 그린은 자신에 대해 "카메라 앞에서 옷을 벗는 것은 아무렇지도 않은 여자 그러나 '실생활'에서는 굉장히 수줍은 여자"라고 말한다.

나에게도 아주 외향적이지만 수줍고 자신감 없어 하는 친구가 한 명 있었다. 그녀는 가족 모임을 주재하고, 가족들의 화목을 책임지는 사람이었다. 가족을 불러 모아 열심히 행사를 주재하고, 힘을 불어넣어 주었다. 그녀는 온 가족의 '사회적 양심' 노릇을 했지만 동시에 한편으로는 사람들을 대하는 것에 자신 없어 했다. 늘 누군가에게 뭔가를 물어도 될지, 그것이 너무 무례한 행동은 아닐지를 가지고 머리를 싸맸다. 그래서 30초에 한 번씩 정말 별것 아닌 일에도 사과를 해댔다. "아, 미안해. 마음 상하게 하려던 건 아니었는데." "이런 걸 물어봐서 미안해요. 하지만……."

계속 이런 식이었다. 마치 “내가 숨을 쉬어서 미안해”라고 말할 것만 같았다.

이제 당신은 수줍은 사람도 각양각색이라는 걸 알았을 것이다. 각자 수줍음이 다르게 표현된다. 수줍은 사람은 쉽사리 한통속으로 묶을 수 없다.

/// 수줍은 사람은 자기중심적일까?

자, 수줍음이 어떤 것이고, 어떻게 표현되는지를 살펴보았으니 이제 이런 질문을 던져보자. 수줍은 사람은 자기중심적일까? 인정한다. 다른 사람들이 자기를 어떻게 볼지 계속 생각하는 사람은 자기중심적인 시각으로 세계를 볼 수밖에 없다. 늘 비슷한 질문이 머릿속을 맴돈다.

- 나는 지금 어떤 행동을 하고 있지?
- 내가 어떻게 보일까?
- 내가 실없는 사람이 되고 있는 건 아닐까?
- 다른 사람들이 나를 어떻게 생각할까?
- 이제 모두가 나를 멍청하다고 생각하는 거 아닐까?

나, 나, 나. 이 안에서 벗어나지 못한다. 나를 떨치지 못한다. 자기 내면의 관점이 너무나 높은 비중을 차지하다 보니 바깥의 현실은 이런 '내적 현실'에 도달하지 못한다. 전에 나는 종종 이런 말을 듣곤 했다. "넌 너무 네 생각에 골몰해 있어. 스스로를 그렇게 중요하게 생각하지 마." 이런 말은 내게 큰 상처로 다가왔다. 사실 나는 바로 그런 상황을 피하려고 했기 때문이다.

결국 나는 모든 사람에게 잘 보이고 싶었다. 수줍은 사람이 대부분 그런 듯하다. 그들은 자신이 다른 사람에게 어떻게 보일까에 지나치게 신경 쓰다가 결국 정말로 자신이 그토록 피하고자 했던 실수를 저지르고 만다. 이것을 '자기충족 예언'이라고 부른다. 유감스럽게도 나는 이런 상황을 너무나 잘 안다. 말실수하거나 감정을 상하게 할까 봐 속으로 너무 걱정하다 보면 오히려 다른 사람에게 제대로 집중하지 못해서 그들의 말을 건성으로 듣거나 맥락에 어긋나는 말을 할 위험이 높아진다. 정말 그렇다. 불안해서 전전긍긍하고 있으면 어느 순간 정말로 다른 사람들의 심기를 불편하게 만든다.

물론 쉽게 불안해하고 자존감이 바닥을 치는 이들에게 자기중심적이라고 비난하는 것은 현명하지 못한 일이다. 그럼에도 나는 이 말에 일말의 진실이 있음을 인정할 수밖에 없다. 수줍은 사람이 명심해야 할 점은 자신이 그토록 원하는 관심을 다른 사람도 받아야 한다는 사실이다. 그저 자신의 문제에만 골몰해 있는 건 슬픈 일이다. 수줍은 사람은 원래 좋은 경청자이며, 경청을 잘한다는 것은 감정지능이 높다는 이야기다. 하지만 자신의 괴로움에 떠밀려 이런 강점을 제대로 발휘하지 못할 때가 많다는 건 아주 안타까운 일이다.

"자신의 모습을 있는 그대로 허심탄회하게 보여주지 못하다 보니 사람들 사이에 있을 때 차가워 보이기 일쑤다."

알베르트 슈바이처

변화의 동기를 찾아라

나를 변화로 이끈 가장 큰 동력은 다음과 같은 것이었다. 나는 다른 사람에게 내가 가진 것을 주고 싶었다. 하지만 수줍은 상태로 있으면 늘 도움을 필요로 하는 가엾은 희생자가 될 따름이다. 나는 계속 그런 상태로 살고 싶지 않았다. 나는 좋은 경청자로서 공감을 보여주고 싶었고, 다른 사람들에게 관심을 가지고 그들을 돕고 싶었다. 타인을 도울 수 있다는 것은 얼마나 기분 좋은 일인지……. 그것이 바로 내가 바닐라 마인드를 시작한 이유 중 하나였다.

나는 온종일 패션과 인테리어, 여행 이야기만 하는 라이프스타일 블로그를 원하지 않았다. 물론 나는 이런 주제들을 좋아하고 관심도 많다! 늘 내게 영감을 주는 경탄스럽고 개성 넘치는 블로거가 많다. 하지만 내게 블로그를 계속하도록 하는 동인은 다른 것이다. 개인적으로 알지 못하는 여성들에게서 "멜리나, 당신 글을 읽으며 정말 내 이야기라는 느낌을 받았어요. 고마워요"라는 피드백을 받으면 아주 기분이 좋다. 이런 이메일을 받으면 거의 꿈을 꾸는 심정이다. 누군가를 적절한 시간에 적절한 방향으로 고무해주었음을 확인하는 것, 그렇게 전혀 모르는 사람들과 연결되어 있음을 아는 것은 정말 놀라운 느낌이다!

부모님은 늘 내게 이웃 사랑이 얼마나 중요한지를 가르쳐주었다. 부모님은 나의 롤모델이다. 그분들은 자신의 능력을 활용해 늘 다른 사람들을 도우며 사셨다. 반면 나는 부모님과 거의 대조적으로 산 듯하다. 예의는 바를지 몰라도, 마음을 꼭꼭 닫고 다른 사람들에게 따뜻한 관심을 보여주는 데 서툴렀다. 사람들에게 약하고 민감한 모습을 보일까 봐 두려워하다 보니 늘 차갑고 가까이하기에 어려운 사람으로 비치곤 했다. 자신만을 위해 살고, 자신의 목표만을 추구하는 것은 사람을 행복하게 하지 못한다. 그러나 다른 사람을 위해 자신을 내어주려면 자기 자신을 내보이는 데 거리낌이 없어야 한다! 스스로를 믿지 못하며 자신이 얼마나 멍청하고 형편없는지를 확인하는 데 골몰해 있으면 당연히 다른 사람들을 위해 쓸 에너지가 별로 남지 않게 된다. 그리고 그러다 보면 자기중심적인 면모를 보여주게 된다.

변화를 원한다면 내면을 가다듬어야 한다! 우리는 다른 사람들과 힘을 합하고, 서로 돕고 지지해주도록 만들어진 존재들이다. 나는 늘 그것을 원했고, 그런 삶을 살 수 있기를 바랐다. 하지만 종종 두려움이 나 자신을 압도했다. 부족한 면이 드러날지도 모른다는 불안과 다른 사람에게 가까이 가기를 꺼리는 마음이 내가 원하는 삶과 정반대의 삶을 살도록 나를 몰아갔다. 자신의 성에 갇혀 다른 사람들을 거부해버리는 차가운 공주로 살도록 말이다.

살면서 내가 내 자신의 걸림돌이 된다는 걸 얼마나 자주 느꼈는지 모른다! 머뭇거리다 놓쳐버린 기회는 또 얼마나 많았는지. 생각만 해도 정말 짜증이 난다. 수줍음은 당사자가 평생 맺었고, 맺고 있고, 맺을 모든 관계에 영향을 미친다. 싫어도 할 수 없다. 시종일관 잠재된 가능성을 제대로 발휘하지 못하고 사는 것은 정말로 안타까운 일이다. 당신은 자신이 뭘 할 수 있는지 경험한 적이 없고, 다른 사람들 또한 당신이 뭘 할 수 있는지 경험한 적이 없다. 이건 정말 어리석은 일이다! 그리고 완전히 불필요한 일이기도 하다.

빌 클린턴을 비롯해 흥미로운 인물을 다수 코치했던 토니 로빈스Tony Robbins는 "머릿속에 머무르면 죽는다"라고 말했다. 단순하게 들리지만 진실이 담긴 말이다. 자신의 머릿속에 갇혀 '내적 현실'만 신뢰하는 한, 우리는 실패할 수밖에 없다. 수줍은 사람들은 늘 자신의 견해만이 옳다고 생각한다. '나는 멍청해/ 서툴러/ 못생겼어/ 이상해/ 능력이 없어. 모두가 나를 비웃을 거야.' 다른 사람들은 그렇게 보지 않을 수 있다는 생각을 아예 하지 못한다.

이제 당신은 내가 왜 수줍음에서 벗어나고자 하는지 이유를 알게 되었다. 당신의 이유는 무엇인가? 당신은 왜 자신의 두려움에 지배당하지 않고자 하는가? 그것이 당신에게 어떤 가치를 지니는가? 당신이 수줍지 않다면 무엇을 할 수 있을까? 일단 이 질문에 대한 대답을 한번 적어보라. 그러면 당신의 계획과 바람을 다시금 아무것도 아닌 것으로 치부해버리려는 부정적인 생각에 여지를 주지 않을 수 있다. 내 경우에는 생각을 눈에 보이게 기록하는 것이 늘 도움이 되었다.

2장

수줍음의 또 다른 얼굴들

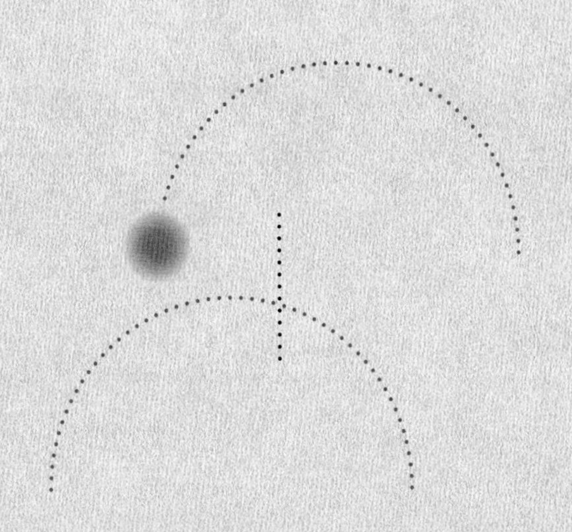

언뜻 보면 수줍음과 별 관계가 없어 보이지만 사실은 관계가 깊은 행동방식 내지 인성적 특성들이 있다. 그런 행동들이 같은 두려움에서 연유하기 때문이다. 가령 수줍은 사람 중에는 통제광이거나 완벽주의자인 경우가 꽤 많다. 안전과 통제를 추구하다 보니 굉장히 완벽해지려는 경향을 보인다. 서툰 모습을 보였다가 스스로 상처 입을까 봐 두렵다.

하지만 수줍은 이들의 정신은 왜 이런 방식으로 반응하는 것일까? 그것은 그들의 잠재의식이 정말 영리하기 때문이다. 잠재의식은 모든 기억을 저장한다. 물론 구체적인 기억은 없을 수도 있다. 하지만 당신의 잠재의식은 자신의 세계상을 바꾼 일이 언제 일어났는지, 누군가가 당신에게 언제 실망하는 빛을 보였는지 정확히 알고 있다. 그러고는 앞으로 그런 실망을 야기하지 않게끔 탁월한 보호 메커니즘을 구축한다.

어렸을 때 나는 알록달록 예쁜 색깔을 가진 러시아 전통 인형 마트료시카를 가지고 놀았다. 마트료시카 인형을 아는가? 큰 인형 안에 작은 인형이 여러 개 들어 있어, 인형을 열 때마다 안에서 더 작은 인형이 나타난다. 내면의 두려움도 이와 비슷하다.

하나를 끄집어낼 때마다 여러 개가 딸려 나온다고나 할까. 즉 수줍음을 조절하고 싶다면 일단 수줍음이 어느 정도 규모인지, 그것이 우리 삶을 얼마나 강하게 지배하는지를 알아야 한다.

따라서 나는 마트료시카 인형처럼 두려움을 하나씩 꺼내 좀 더 정확히 보려고 한다. 그 과정에서 우리는 완벽주의, 흑백사고, 예민함 등 수줍음과 연결된 일련의 행동방식과 인성적 특성을 만나게 될 것이다.

여기서 내가 소개하는 모든 것이 당신에게 해당되지는 않을 것이다. 우리는 모두 각자 다른 사람들이기 때문이다. 그래서 쉽사리 일반화할 수는 없다. 그러나 교집합은 있다. 다음에 소개할 행동방식이나 특성이 자신에게 와닿지 않거든 그냥 넘어가도 좋다.

그렇더라도 일단 의식적으로 이런 질문을 던져보기를 바란다. 나에게도 이런 면이 있을까? 어떤 점에서 이런 면이 내게 해당될까? 내게서 이런 행동 패턴을 감지하고 지적해준 사람이 있었던가? 그도 그럴 것이 자신에 대해 충분히 솔직할 수 없거나 솔직하지 않으려다 보니 그냥 간과해버리는 것이 많기 때문이다.

/// 잠재의식의 보호 메커니즘, 완벽주의

완벽주의는 내가 좋아하는 동시에 미워하는 주제다. 인정한다. 완벽주의는 수줍은 우리가 더 나은 기분으로 살도록 잠재의식이 발휘하는 보호 메커니즘 중 하나다. 완벽을 추구하는 것은 뿌리 깊은 두려움에 대한 반응이다. 바로 '나는 다른 사람들의 판단과 비판이 두려워'라는 것이다. 그러므로 실수를 저지르면 안 된다고 생각한다. 나 역시 모든 면에서 가능하면 완벽하려고 노력했다. 아무도 나를 공격할 수 없게끔 확실히 하고자 했고, 다른 사람과 갈등을 일으키거나 말실수를 할까 봐 두려워 차라리 아무 말도 하지 않았다. 이렇게 다른 사람의 의견을 신경 쓰고, 비판을 두려워하다 보니 수줍은 사람이 되었다. "실수하면 안 돼"가 나의 신념이었다. 신념이란 삶의 모든 영역에서 지향하는, 한

치의 의심 없는 확신이다.

브레네 브라운Brene Brown은 자신의 책 『나는 불완전한 나를 사랑한다』[4]에서 이렇게 말했다.

"완벽주의는 건강한 성과나 건강한 성장이 아니다. 완벽주의는 우리가 완벽하게 살고, 완벽해 보이고, 완벽하게 행동하면 잘못을 저지르거나 비난당하거나 수치심을 느끼는 일을 피할 수 있다는, 적어도 줄일 수 있다는 확신이다."

잠재의식은 우리가 충분히 애쓰기만 하면 고통과 부정적인 감정을 피할 수 있다고 약속함으로써 완벽을 추구하게 만든다. 이것은 회피 행동이다. 잠재의식은 맡은 일을 완벽하게 해내면 아무에게도 싫은 소리를 듣지 않을 거라고, 멋진 모습이 되면 누구나 우리의 친구가 되고 싶어 할 거라고 약속한다.

하지만 정말 오산이다! 나는 완벽주의가 실망을 줄여주기는 커녕 삶을 지옥으로 만든 경험을 반복해왔다. 완벽주의로 인한 끊임없는 자기 의심은 마지막 신경까지 갉아먹었다. "이 글이 이대로 괜찮을까? 이상한 구석은 없을까?", "오늘 내 모습이 어떻지?", "어딘가 좀 부족해 보이지 않아? 최상이 아니지 않아?" "아, 어째 완전히 경악스러워 보여!"

끊임없이 자기비판에 얽매이는 것은 정말로 바람직하지 못한 일이다. 수줍은 사람과 완벽주의자는 대부분 자신의 외모가 추하다고 생각한다. 객관적으로 보면 멋지기만 한데 그들 내면에 자리한 목소리가 온종일 뚱뚱하고 매력이 없다고 조잘댄다.

내 주변에도 멋진 여성이 많다. 영리하고, 유머러스하고 매력적인 여성들이다. 할리우드 배우처럼 미인은 아니지만, 미소 짓고 기쁨을 발산하는 사람에게는 늘 호감이 간다. 하지만 그들 내면의 목소리가 반대 의견을 주입한다. 많은 여성이 그렇다. 선택적으로 지각하며, 자신의 장점을 인정하지 않고 거부함으로써 스스로를 못생긴 폐물 정도로 여긴다.

내 기억에 우리 엄마는 항상 다이어트 중이었다. 엄마는 늘 살을 2-3킬로그램 더 빼야 한다고 말했다. 하지만 우리 엄마는 정말로 아름다웠다. 지금도 만 56세지만 40대 초반처럼 보인다. 늘 피부가 매끈하고, 얼굴에 주름도 별로 없다.

우리에게 친숙한 일상의 드라마를 한 편 소개해보겠다. 나는 옷장을 들여다보며 거의 신경이 끊어질 것만 같은 기분을 느낀다. 거짓말 안 보태고 정말 스무 번은 옷을 갈아입다가 완전히 지쳐서 속옷 바람으로 침대에 벌렁 드러눕는다. 엉엉 울고 싶은 심정이다. 차라리 약속에 가지 않고 집에서 뒹굴거리고 싶다. 어떤 옷을 입어도 어울리지 않는다. 못생기고 뚱뚱해 보인다. 도무지 완벽한 모습이 나오지 않는다. 그렇게 옷장에는 옷이 가득하지만, 입을 게 하나도 없다.

물론 나는 이 상황이 얼마나 한심해 보일지 알고 있다. 그리고 정말 한심하다! 다 큰 여자가 뭘 입을지 고민하다가 어린애처럼 침대에 벌렁 드러누워 울려 하다니. 게다가 다른 사람들은 내가 어떤 옷을 입었는지, 어떻게 보이는지에 별 관심도 없다.

내 남편은 내가 요란한 립스틱을 바르고 하이힐을 신었을 때보다 추리닝 바람에 화장기 없는 얼굴일 때가 가장 매력적이라고 말한다. 물론 나는 오랫동안 그 말을 귓등으로도 듣지 않았고 속으로 저 인간이 미쳤나 생각했다. 나는 택배 기사가 왔을 때도 화장기 없는 얼굴로는 현관문을 열지 못했다. 내게 화장한 상태란 바로 하이라이터에 볼터치, 립스틱까지 풀메이크업 한 상태를 말한다. 그러나 요즘 깨달은 단순한 진실은 이것이다. '있는 그대로'의 모습이 진솔하고 사랑스럽다는 것.

자신을 있는 그대로 받아들이는 것 자체가 사람을 아름답게 만든다. 어떠어떠해야 제대로 된 모습이라고 법에 규정되어 있기라도 한가? 「보그」지에 규정되어 있는가? 좋다. 수많은 사람에게 지지받는 '미의 기준'이 있다고 하자. 하지만 그런 것에 발맞추면 나는 더 이상 있는 그대로의 모습으로 사랑받지 못하는 상태가 된다. 나는 다른 사람들을 의식한, 이런 우스꽝스러운 연극을 계속하고 싶지 않다. 나를 위해 꾸미든지 아니면 꾸미지 않든지 둘 중 하나를 선택하겠다.

"아, 난 어쩔 수 없는 완벽주의자야"라고 말하는 사람을 종종 본다. 완벽주의자라는 것이 무슨 바라마지 않는 증명서나 상장이라도 되는 양, 다른 사람들도 자신처럼 모든 걸 제대로 해야 한다는 양 말이다. 그러나 "당신은 완벽주의자로군요"라는 말이 꼭 칭찬은 아니다! 다음번에 또 그런 말을 듣는다면 상대가 왜 그런 말을 했는지 되짚어보라.

완벽은 더는 좋아질 수 없는 상태를 의미한다. 완벽주의자는 삶의 모든 영역이 조절 가능하고, 늘 100퍼센트에 도달할 수 있다는 환상을 가지고 있다. 그러나 문제는 이런 목표에 결코 도달할 수 없다는 것이다. 100퍼센트가 어느 지점인지 규정할 수 없기 때문이다. 그래서 도무지 중단하지 못한다. 지금 어디에 서 있든지 아직 충분하지 않다고 확신하기 때문이다. 이런 경향은 중대한 결과를 초래한다. 자존감이 점점 낮아지는 것이다. 끊임없이 성공의 압박을 받으며 계속해서 부담을 느끼고 지쳐간다. 여기에 이르면 강박 장애, 수면 장애, 편두통, 번아웃, 우울증 등 심적 질환을 겪을 확률이 높아진다. 때로는 거식증에 이르기도 한다. 주변 사람들도 어느 순간부터 불편해하기 시작한다. 완벽주의자의 요구에 결코 부응할 수 없기 때문이다. 그 옆에만 서면 한없이 작아지는 기분이 드는 '완벽한 인간'을 누가 좋아하겠는가? 이를 보면 참 모순적이다. 애초에 다른 사람에게 호감을 얻기 위해 완벽해지고자 했던 것인데 말이다.

실패를 처리하는 법

완벽주의자들이 잘못을 저지르면 어떤 일이 일어날까? 정말 야단이 난다. 살다 보면 때로 두려운 실수를 저지르곤 한다. 인생은 그런 것이니까 말이다. 그러나 우리 할머니가 컴퓨터를 다루지 못하는 것만큼이나 완벽주의자들은 실패 혹은 패배를 제대로 다루지 못한다.

얼마 전에 나는 정말 큰 실수를 했다. 만회가 안 되는 실수라는 점이 특히나 나를 패닉 상태에 빠뜨렸다. 이 실수로 인해 수백 유로를 손해 봤고, 내가 그 일을 자초했음을 인정해야 했다. 의료보험과 관련된 일이었는데, 이로 말미암아 이후 몇 달 동안 훨씬 더 많은 보험료를 내야 했다. 남편에게 하소연했음에도 기분은 전혀 나아지지 않았다. '아, 이제 제발 넘어가자'고 되뇌었지만, 도저히 감정 조절이 되지 않았다. 나는 몇 주간 혼란스러운 기분에 휩싸였다. 누군가를 해치거나 도둑질이라도 한 듯이 기분이 찜찜하고 더러웠다. 마치 큰 죄를 지은 사람 같은 기분이었다. 왜 이렇게 마음이 힘들어지는지 나 스스로도 이해할 수 없었다. 금전적 손해를 조금 보는 것뿐이고 세상엔 그보다 훨씬 나쁜 일이 많을 텐데도, 사형선고라도 받은 기분이었다.

감정적으로 실패를 처리하지 못했기 때문이었다. 나는 당시 누구나 저지를 수 있는 실수를 했다. 그런 일은 얼마든지 일어날 수 있었다. 그냥 툭툭 털고 일어나서 일상을 살아가면 될 일이었다. 살다 보면 실수할 수도 있는 것이고, 그런 실수를 통해 배우며 살아가는 게 인생 아니겠는가? 따라서 나의 문제는 실수를 적절히 다루는 법을 터득하지 못한 것이었다. 어차피 살다 보면 실수를 완전히 피할 수는 없기 때문이다. 하지만 내 안에는 아직도 완벽주의 성향이 많이 남아 있다. 이 책을 쓰면서도 매번 문장을 열 번 정도 고쳐 쓰지 않기 위해 상당히 애를 써야 했다. 누가 내 문장을 흉보지는 않을까 두려웠기 때문이다. 그러므로 아무 위험이 없는 달팽이 집 안에 머물면 얼마나 편할 것인가. 나는 수줍음과 완벽주의가 정말 긴밀한 관계라는 걸 누누이 확인했다. 하지만 다행히 우리는 두려움에 어떻게 대처할지를 결정할 수 있다.

실수할 때마다 자책하고 마음고생을 한다면 어떻게 살겠는가? 일이 마음대로 되지 않을 때마다 패닉 상태가 되어 쓸데없이 신경을 소모할 것이다. 스스로 감정을 제어하지 못해 가까운 사람에게 늘 징징대는 존재가 될 확률이 높다. 자신의 상황이 희생당하는 것이다. 그런 삶을 원하는가?

실수를 허락하는 사람에게 실수는 성공적인 삶을 살아가는 과정에서 겪는 평범한 일이 된다. 행복한 사람들은 자신과 다른 사람들을 용서한다. 이런 자세를 내면화하면 강한 사람이 될 수 있고, 본연의 자신이 되어 주변 사람들을 격려하고 고무할 수 있다. 실수에 대한 두려움을 딛고 약간의 위험이 내재된 일을 감행할 수 있는 상태가 되면 흥미로운 도전을 할 수 있고 새로운 책임을 맡을 수도 있다.

직관에 귀 기울여야 해요

그런 상황 알죠? 어떤 이유에서 혹은 상황에 따라 결정을 내리고는 갑자기 그 결정에 따라 살아야 하는 거 말이에요. 저녁이면 침대에 누워 울면서 절망적으로 이런 생각을 해요. '나는 어쩌다 그런 결정을 내렸을까' 하고 말이에요.

종종 그랬어요. 10년 전쯤에도 그랬죠. 막 대학교 생물학과에 들어갔을 때였는데, 첫 강의를 들은 날 저녁, 침대에 누워 울면서 내가 이 전공을 감당할 수 있을까 절망했어요. 기본 지식이 하나도 없는 상태에서 수업을 들어야 하는 게 너무나 무거운 짐으로 다가왔고 당장 집에 전화를 걸어 부모님께 이렇게 외치고 싶었어요. "나 다시 짐 싸서 집으로 돌아갈래요. 토요일에 나 좀 데리러 와요." 하지만 이미 화물차 한가득 짐을 싣고 이사를 마친 후였고, 방 임대계약서에 서명까지 한 상태였어요. 전화하기도 전에 아버지가 이렇게 말하는 소리가 들려오는 듯했어요. "얘야, 네가 결정한 거잖니. 그럼 일단 밀고 나가봐야지!"

내적 불안이 안 좋은 이유는 그것이 우리를 마비시키고 포기하게 만듦으로써 흥미로운 일들을 많이 놓치게 된다는 것이에요. 새로운 친구를 사귈 기회도, 인생의 파트너를 만날 기회도 놓치게 되죠. 살짝 취해서 시험을 보는 경험 같은 것도 놓칠 수 있어요. 그렇게 포기하고 나면 이런 생각이 들어요. 또다시 방향도, 계획도 없이 얼음같이 차가운 바닷물 속에 뛰어들고 말았군. 어디로 헤엄쳐 가야 할까, 어디에 구원의 섬이 있을까? 해결책은 단순해요. 일단 헤엄치기 시작하고는 직관에 귀를 기울이면 되죠. 그렇게 해서 나는 늘 올바른 길을 찾았어요.

비결은 작은 목표들을 세우는 거예요. 작은 목표가 큰 목표보다 더 빠르게 이룰 수 있으니까요. 나는 내 여행이 나를 어디로 이끄는지, 나의 결정이 옳은 것이었는지 결코 알지 못해요. 시도해보고, 내적 불안을 이겨내면서 한 걸음 한 걸음 내딛는 수밖에 없죠. 실패할지라도 나는 계속 그렇게 해보고자 해요. 인생이란 어차피 계속 무언가를 발견해가는 여행이니까요.

카타리나의 경험담

/// '모든 걸 다' 할 수 있거나 '아무것도' 할 수 없거나, 흑백논리

이왕 완벽주의를 살펴본 김에 마저 공략해보자. 완벽주의와 긴밀한 관계가 있는 것이 바로 흑백논리이다. 흑백논리는 곧잘 갑작스러운 감정 변화를 동반한다. 고백하건대 나는 끓어오르는 기쁨과 형언할 수 없는 슬픔 사이를 탁월하게 오갈 수 있다. 생리 기간일 필요도 없다.

내 감정 세계에는 두 가지 상태밖에 없었다. 흑 아니면 백, 좋은 것 아니면 나쁜 것, 0 아니면 100, 엄청나게 좋은 것 아니면 지독하게 안 좋은 것. 중간에는 아무것도 없었다. 모든 일이 그 순간에는 절대적이고 불변하는 것으로 여겨졌다. 이런 극단적인 평가에 공감하지 못하는 사람들의 말은 물론 받아들이지 않았다. 나는 비판도 잘 소화하지 못했다. 단순히 "제가 잘못했어요"

라고 말하는 대신, 비판을 늘 나의 존재, 나의 정체성과 연결시켜서 "나는 글러먹은 사람이래" 정도로 알아들었다.

내 눈에 '완벽하지' 않은 모든 것은 자동으로 나쁜 것, 충분하지 않은 것, 인정할 수 없는 것이었다. 완벽하지 않으면 실패한 것이었고, 한번 그런 생각이 들면 부정적인 감정이 꼬리를 물고 올라왔다. 자책감이 들고 스스로가 가치 없게 느껴졌으며, 출구 없는 감정의 소용돌이가 이어졌다! 이쯤 되면 우리는 자기 연민에 목욕을 하며 원치 않는 상태에 한탄한다.

흑백논리는 양자택일식 사고다. "나는 모든 것을 할 수 있거나, 아니면 루저다"라는 식이다. 때로 나는 내가 이런 사고 패턴에 걸려드는 순간을 목격하곤 한다.

가령 나는 「더 테이스트The Taste」와 같은 요리 프로그램을 즐겨 본다. 내 별명은 먹보이고, 나는 종종 내가 온종일 먹기만 하는 직업을 택하지 않은 게 유감스럽다고 농담을 한다. 하지만 「더 테이스트」를 볼 때마다 나는 좌절감에 휩싸인다. 요리 쇼에 나오는 전문가와 나 자신을 비교하다 보면 나는 정말 요리에 젬병이라는 생각이 스멀스멀 피어오른다. '너는 요리를 매우 잘하거나 아니면 전혀 못한다'는 식의 생각이다. 이것은 불합리하다. 심지어 나는 요리를 꽤나 잘하기 때문이다. 물론 스타 요리사만큼은 아니지만 말이다.

이것이 수줍음과 무슨 관계가 있을까? 아주 간단하다. 수줍은 당신은 변화를 모색한다. 하지만 다른 사람들이 거둔 성공을 자신은 결코 이룰 수 없는 것으로 보면 변화는 불가능하다. 수줍은 이들은 자신을 의심하며 자꾸 "난 모든 걸 할 수 있어"와 "난 아무것도 하지 못해"의 양극단으로 치우치는 경향이 있다. 이 문제를 해결하려면 양극단 사이에 다리를 놓아야 한다. 그리고 다리를 놓는 것은 이 간극을 작은 단계들로 쪼갬으로써 가능하다.

하지만 우리는 이렇게 하는 대신 무엇을 하는가? 우리는 다른 사람과 비교하는 걸 좋아한다. 우리보다 한두 걸음 더 앞서가는 롤모델을 찾고 그들에게서 배울 수 있으면 좋을 텐데, 그 대신에 우리는 이 지상에서 가장 아름답고, 가장 부유하고, 가장 매력 있고, 가장 지적인 사람과 자신을 비교하며, 자신의 아이돌이 이룬 것에 도저히 필적할 수 없음을 슬퍼한다. 그러면서 그렇게 감탄하는 사람들이 지금의 모습이 되기까지 참으로 오랜 세월 동안 수많은 실패를 감내해야 했음을 의식하지 않는다.

흑백논리에 사로잡힌 사람들이 즐겨 사용하는 문장들

중간 상태가 없는 세계에서 삶은 상당히 힘들어진다. 다음은 흑백사고를 하는 사람들이 즐겨 사용하는 문장으로, 이런 문장을 구사하는 사람을 보면 그 사람이 흑백논리를 가졌음을 알 수 있다.

- 왜 하필 나한테만 늘 이런 일이 일어나냐?
- 아무도 나를 좋아하지 않아.
- 나는 뭔가를 제대로 한 적이 한 번도 없어.
- 다른 사람들은 죄다 나보다 나아.
- 이번에도 잘하지 못하면, 모든 게 끝장이야.

"결코 -한 적이 한 번도 없다", "모두", "다", "늘" 이런 식의 말은 화자가 흑백사고를 하고 있음을 보여주는 전형적인 단어들이다.

앞서 말한 요리로 다시 돌아가 보면, 내 경우 전문적으로 요리를 배운 적이 한 번도 없다. 그리고 그건 전혀 중요하지 않다. 원한다면 요리를 배워 더 잘하는 계기로 삼을 수도 있을 것이다. 게다가 내가 요리를 전혀 못하는 것도 아니다. 반대다. 나는 상당히 잘한다.

이럴 때 현재 상태와 이상적인 상태의 극복할 수 없는 간극만 보는 대신, 어떻게 하면 목표에 이를 수 있는지를 구상해보는 게 더 낫지 않을까? 그것 자체만으로도 시각이 변한다. 늘 길은 있기 때문이다. 여기서 해야 할 질문은 다만 '내가 필요한 노력을 할 준비가 되어 있는가' 하는 것이다.

어려서 경험이 별로 없을 때는 어느 정도 흑백사고를 하는 것이 정상이다. 경험의 지평이 부족하기 때문이다. 그러나 자존감이 낮으면 이런 흑백논리에 영원히 갇힐 수 있다. '그런 파괴적인 사고 패턴에 대항하려면 무엇을 해야 하는가'라는 물음에 대한 답은 거의 언제나 자존감을 높이라는 것이다! 어떻게 그럴 수 있는지는 3장과 4장에서 살펴보자.

/// 한번 돌아가면 멈추기 힘든, 부정적인 생각의 쳇바퀴

수줍은 사람들은 꼬리에 꼬리를 물고 이어지는 부정적인 생각의 쳇바퀴를 너무나 잘 알 것이다. 이런 쳇바퀴에 사로잡힐 경우 도무지 잠을 이루지 못하고 신경을 끌 수 없는 상태가 되기도 한다. 부정적인 생각들은 너무나 고질적이라, 창밖에서 아무리 시끄러운 공사가 벌어지고 있다 해도 머리가 계속해서 돌리는 생각을 압도할 수 없다. 긍정적인 생각에 이토록 강하게 집중한다면 천하무적일 텐데 말이다!

내가 자주 돌리는 생각의 쳇바퀴, 탑 3

내 뇌가 또다시 쳇바퀴 모드에 걸려들었을 때는 다음과 같은 일이 벌어진다.

1. 다른 사람들이 나에 대해 어떻게 생각할지 오랫동안 골똘히 궁리한다. 그들이 나를 이상하다고 생각할까? 멍청하다고 생각할까? 내가 X를 하거나 Y를 말하면 어떻게 생각할까?
   물론 나는 그들이 정말 어떻게 생각하는지 모른다. 결국 그들에게 직접 묻지 않을 테니까. 난 그저 내 생각을 그들에게 투사할 따름이다. 그리고 밤에 아주 골몰하여 잠을 이루지 못한다.
2. 다른 사람과 계속 비교하면서 그에 비해 내가 얼마나 못생겼는지/ 얼마나 운동을 못하는지/ 통통한지/ 키가 작은지/ 능력이 없는지를 아쉬워한다. 하나의 형용사에 꽂히면, 다른 중요한 것들은 잊어버린다.
3. '-하면 어쩌지' 놀이를 한다. 선호하는 레벨은 바로 '최악의 경우 시나리오'다. 다른 것은 재미가 없다.
   '누군가가 나를 더 이상 좋아하지 않으면 어쩌지?'
   '회의에서 말실수를 하면 어쩌지?'
   '파트너가 나를 버리고 떠나면 어쩌지?'

불필요한 부정적 사고에 능하다 보니 당신은 염세주의자로 변신한다. 하지만 잠깐, 당신 스스로는 그것을 건강한 리얼리즘이라 칭한다. 항상 뭔가가 잘못될 수 있으며 늘 모든 걸 계산해야 한다! 그렇지 않은가?

당신이 생각의 쳇바퀴 타기의 고수라면, 낮 동안에도 계속 그런 쳇바퀴에 휘둘릴 수 있다. 일을 할 때건, 지하철이나 버스를 타고 있을 때건, 장을 볼 때건, 뭘 하든 마찬가지다. 별것 아닌 일들조차 당신을 쥐고 놓아주지 않는다. '주말 모임에 정말 가야 할까?' '오늘 저녁에 뭘 입지?' 등등 말이다. '바나나는 왜 굽었지, 이것이 내 인생에 어떤 위험을 가져올 수 있을까?'라고 묻지 않는 게 다행이다. 때로 부정적인 생각의 쳇바퀴는 이런 수준에서 일어나기 때문이다. 다만 나 자신만 그것을 깨닫지 못하고, 모기를 코끼리로 만든다.

생각의 쳇바퀴가 가진 특징은 그것을 아무리 돌려봤자 해결책도, 출구도 발견하지 못한다는 것이다. 백 번 물어도, 한 가지 대답을 얻지 못한다. 정말로 짜증 나는 거래다!

이런 불쾌한 행동 패턴들을 파헤쳐보는 것이 독자들에겐 재미없는 일일지도 모른다. 하지만 어떤 행동방식과 습관이 우리의 일상을 쥐고 흔드는지를 살펴보면, 본연의 나 자신이 되겠다는 목표에 한 걸음 더 다가갈 수 있다고 믿는다. 내 안에서 일어나는 일을 깨닫고 의식을 연마하여, 자기파괴적인 메커니즘으로 미끄러져 드는 걸 깨닫자마자 "스톱!"이라고 외치는 것만으로도 도움이 될 수 있다. 내 경우에는 내가 예민한 사람이라는 사실을 깨달은 것만으로도 나 자신의 특성을 존중하고 높이 평가하는 데 도움이 되었다. 이에 대해 다음에서 자세히 살펴보고자 한다. 수줍은 동시에 예민한 사람이 꽤 있다는 사실을 확인했기 때문이다.

/// 그저 성격적 특성일 뿐, 예민함

자신이 아주 얇아서 깨지기 쉬운 유리처럼 민감하다고 느끼는가? 소음, 냄새, 낯선 사람, 낯선 공간이 종종 너무나 견디기 힘들어 폭발해버릴 것만 같은가? 그렇다면 당신 역시 나처럼 예민한 사람이 틀림없다. 일견 예민한 사람들을 쉽게 과잉 반응하고, 너무 감정적이고, '멜로 드라마틱'한 사람들이라고 보기도 하는데, 이런 시각은 맞지 않다. 예민한 사람들은 신경계가 그리 약하지 않으며 스트레스에 그리 취약하지 않다.

다만 예민한 사람들은 다른 사람들에 비해 외적 자극에 더 민감하게 반응한다. 시각적 자극, 소음, 냄새, 통증, 다른 사람들의 정서나 감정 상태 등 모든 감각적 인상이 시종일관 예민한 사람들에게 영향을 미친다. 다른 사람에 대한 공감 능력이 뛰어나 내적으로 선을 잘 긋지 않으면 불행을 초래하게 된다. 그러다 보니 예민한 사람들이 생각이 많은 것은 당연지사다.

이런 특성을 가진 사람들의 면전에서 "자 이제 정신 똑바로 차리고 둔감해져야 한다"고 충고하는 사람들이 있다. 예민한 사람들을 특이한 사람이라는 꼬리표가 붙은 서랍 속에 분류하고 멀리하려는 이들도 있다. 나는 이런 사람들이 가장 싫었다. 하지만 이제는 그런 사람들은 어차피 내 인생에 불필요하다는 걸 깨달았다. 나는 나처럼 수줍은 동시에 예민한 친구들을 몇 사귀었다. 겉으로 표현하지 않아서 그렇지 예민한 사람이 드문 건 아닌 듯하다. 전체 인구 중 예민한 사람의 비율이 15-20퍼센트나 된다고 한다. 정확한 학술 연구로 규명된 수치는 아니지만, 예민한 사람이 이 정도 된다고 하면, '왜 나만 이상하지' 하고 고립된 기분을 느끼지 않아도 될 것이다.

갓 스무 살이 넘었을 때 이모가 나에게 게오르크 파를로Georg Parlow의 『예민한 사람들Zart besaitet』[5]이라는 책을 선물해주었다. 이모는 아마 나를 눈여겨보았을 것이고, 내가 외적 자극에 다른 사람들보다 더 강하게 반응한다는 것을 눈치챘을 것이다. 나 자신은 그것을 의식하지 못했지만 말이다. 난 그냥 내가 조금 특이하다고만 생각했다. 그 책이 계시처럼 다가왔다는 건 거짓말일 것이다. 나는 일단 내가 예민하다는 걸 받아들이지 않으려 했기 때문이다. 나는 그 책을 읽으며 드디어 이해받는 느낌이 들었지만, 나를 예민하다고 칭하기는 싫었다. 예민하다니, 감정에 잘 휘둘리고, 성격이 까다롭고 신경질적인 사람처럼 들리지 않는가. 나는 당시 예민한 것도 강점일 수 있음을 알지 못했다. 예민함이 좋을 수 있음을 실감한 것은 훗날 나 같은 사람들을 더 알게 되면서였다.

나는 오랫동안 모든 것이 너무 과해진다 싶으면 얼른 뒤로 물러나 내 주위에 보호 장벽을 쳤다. 차갑고 초연해 보이는 것이 예민함과 불안을 내보이는 것보다 더 쉽다. 영화를 볼 때 나는 울음 스위치를 누른 것마냥 눈물을 주룩주룩 흘리곤 한다. 「미녀와 야수」를 볼 때도 「오만과 편견」을 볼 때도. 영화가 시작한 지 20분 정도 지났을 뿐인데 눈물 보따리가 터지면 나 스스로도 당황스럽다. 특정 음악을 들으면 벌써 눈물이 글썽글썽해진다. 곧잘 감정에 휩싸이곤 한다.

그러나 실생활에서 나는 얼음같이 차가워 보이는 경우가 많다. 아무에게도 눈물을 보인 적이 없다. 수줍다 보니 외부 세계에 약한 면을 보이는 것이 굉장히 힘들었다. '모두 나를 신경이 예민한 사람으로 보는 것 아닐까? 그러면 어떻게 하지? 내 감정이 너무 지나친 것일까? 다른 사람들이 대체 어떻게 생각하겠어?' 늘 이렇게 생각하다 보니 마음의 문을 꼭꼭 닫고 지내는 것이 올바른 해결책은 아니며, 균형이 필요하다는 걸 깨닫기까지 오랜 시간이 걸렸다. 내내 내면의 빗장을 걸어 잠근 채 지내는 건 사람을 굉장히 외롭게 만든다. 언제 물러나야 하는지를 아는 건 좋은 일이다. 하지만 다른 사람들에게 허심탄회하게 다가가 자신의 감정을 나누는 것도 정신 건강에 중요하다.

수줍은 동시에 예민하다는 것은 사람들 앞에 서는 것뿐 아니라 주변에서 밀려드는 모든 자극이 나를 당혹스럽게 만들 수 있음을 뜻한다. 다른 사람들과 이야기하고 싶은 마음은 늘 있었다. 하지만 나는 수줍을 뿐 아니라, 주변의 모든 것에 두루두루 두들겨 맞는 듯한 기분이었다. 낯선 공간, 신경을 거스르는 배경음악. 배경음악은 무거운 양탄자처럼 나를 짓눌렀다. 냄새 또한 다른 사람의 이야기를 경청할 수 없게끔 내 신경을 분산시켰다. 이런 것들이 과해져서 한꺼번에 너무 많은 자극을 처리해야 할 때면 곧잘 두통이 찾아왔다.

재미있는 사실은 나의 예민함은 특히 후각적으로 강하게 표출된다는 것이다. 갓 개봉한 원두커피 봉투에서 신선한 향기가 나면 나는 봉투 깊숙이 코를 넣어 향기를 맡는다. 그러다가 커피 분말이 코로 들어와 한참 발작처럼 재채기를 한 것이 한두 번이 아니다. 향기로운 꽃을 좋아하다 보니 때로 멀리서도 꽃향기를 맡고 가히 정신을 잃을 지경이 된다. 초콜릿을 선물 받으면 먹기 전에 아직 뜯지도 않은 상자에 코를 박고 킁킁거린다. 종종 냄새만큼 맛이 따라주지 않아서 실망하지만 말이다.

예민함에는 좋은 면이 많다. 예민한 사람들은 정의감, 양심, 공감 능력이 뛰어나다고 한다. 그래서 다른 사람들에게 감정이입을 잘할 수 있다. 예민함은 전혀 심리 장애 같은 것이 아니며 결코 질병이 아니다! 그것은 그저 인성적 특성일 따름이다.

예민함을 재능으로

연구자들은 예민함도 수줍음처럼 개인적인 소질에서 비롯된다고 본다. 심리학자 일레인 아론Elaine Aron은 예민함은 유전된다고 말했다. 일레인 아론은 세계 최초로 예민함을 연구한 학자로, 이 현상에 관해 다수의 책을 썼다. 아론의 연구는 상세 질문지를 통한 자기평가를 토대로 하기에, 엄밀한 학문적 기준을 충족시키는 것은 아니었지만, 이후 일레인 아론의 명제를 생리학적으로 증명하는 후속 연구들이 잇달았다.

2011년 중국의 연구자들은 도파민 시스템의 변화를 통해 예민함과 유전적 소질 사이의 관계를 조명하는 연구를 진행했다. 대학생 480명을 대상으로 연구를 진행한 결과, 예민한 성격에 정말로 유전자도 한몫한다는 사실이 입증되었다.[6] 연구자들은 또한 실험 대상자들에게 서로 다른 이미지(그림, 영상)를 보여주면서 기능적 자기공명영상fMRI을 통해 특정 뇌 영역의 활성화를 측정했는데 그 결과 예민한 사람들은 이미지가 조금만 변화하거나 자극이 있어도 보통 사람들보다 더 강한 반응을 보이는 것으로 나타났다.[7]

예민함이 하나의 특성이며, 예민함에도 좋은 면이 있음을 이해하면 예민한 사람들을 '껴안고' 함께할 수 있다. 때로 나는 어떤 경험을 소화하는 데 며칠 혹은 몇 주가 걸린다. 콘퍼런스나 모임에 참석하고 돌아오면, 에너지를 다시 충전하는 데 시간이 꽤 필요하다. 해외 출장도 잘 다녀오고 새로운 것을 경험할 때 생기는 긴장도 적절히 즐기지만 그 뒤에는 한동안 절전 모드로 지내야 한다. 잠도 많이 자야 한다. 자명종을 맞춰놓지 않고 몸이 알아서 9-10시간 동안 회복하도록 두어야 한다. 이런 상태는 완전히 정상이다. 그러지 말아야 할 이유가 뭐란 말인가? 그렇게 하면 안 된다고 누가 그러던가? 다른 사람들처럼 7시간을 잔 뒤 아주 쌩쌩하게, 태양처럼 환한 모습으로 침대에서 튀어나오지 못하니까 못난 인간이라고 누가 그러던가?

나는 내가 좋은 기분을 느낄 수 있는 구조를 만들고자 한다. 그리고 이젠 예민한 면을 내 성격의 탐탁지 않은 부작용으로 보는 대신 재능으로 보고자 한다. 좋은 목적을 위해 예민한 재능을 활용하고 내 느낌을 다른 사람과 나누며 소통하고자 한다. 이제 나는 모임도 예전보다 훨씬 더 즐길 수 있다. 어느 시점에 퇴장하여 배터리를 충전하러 갈 것인지 꽤 잘 판단한다. 먼저 가는 바람에 '중요한 이야기'를 놓치지 않을까 불안하기도 하지만 그것은 나의 건강이나 컨디션에 비교하면 별로 중요하지 않다.

3장

안전지대를 넓혀줄 9가지 훈련

수줍은 이들에게 용기를 주겠다고 크게 공언하고는 지금까지 상당히 어두운 사고 패턴만을 이것저것 살펴보았다. 하지만 필요한 과정이었다. 수줍음을 극복하려면 우선 우리가 느끼는 감정들에 명칭을 부여하고 뭐가 잘못될 수 있는지를 알아야 하기 때문이다. 부자연스러운 사고와 행동이 파괴적인 결과를 가져올 수 있음을 깨달아야만 그것을 변화시킬 기회를 얻을 수 있다!

내가 수줍음을 좀 줄여야겠다고 마음먹은 결정적인 계기는 그동안 내가 나 자신과 나의 능력을 바라보던 관점을 바꾼 것이었다. 나는 새로운 마인드셋(새로운 마음가짐, 다른 사고방식)을 갖게 되었다. 수줍음과 수줍음에 따라오는 동반 현상(흑백사고라든가 완벽주의)을 극복하려면 반드시 자존감 강화의 길을 거쳐야 한다. 내 경우, 내가 왜 그리 스스로를 과소평가하는지, 그 이유를 아는 것만 해도 굉장한 작업이었다. 나는 왜 완벽주의자일까? 나는 왜 모두에게 인정받기를 원할까? 나는 왜 거부당하는 것에 커다란 두려움을 가지고 있을까? 질문에 질문이 꼬리를 물고 이어졌다. 불과 2-3년 전까지만 해도 나는 내적으로나 외적으로 스스로에게 전혀 만족하지 못했다. 나의 모든 것을 '잘못된 것', 개선이 필요한 것으로 봤다. 수줍고 다른 사람의 반응을 과도하게 두려워하는 나의 태도뿐 아니라 외모, 몸을 비롯해 모든 것이 그냥 흡족하지가 않았다.

/// 나 자신을 믿지 못하겠다면, 자기 존중 배우기

최근에 "넌 네 몸으로 사는 걸 배우지 못했구나"라는 말을 들었는데, 상당히 마음에 찔렸다. 바로 내 상태가 그러했기 때문이다. 나는 자신을 사랑하기는커녕, 있는 그대로의 나를 받아들이지도 못했다. '자기애'라는 말은 자존감이 낮은 사람에겐 상당히 거북하게 들린다. 나르시시스트까지는 아니더라도 '자기를 사랑하라니 좀 이기적인 거 아냐?'라는 느낌이 든다. 나는 이렇게 생각했다. '내가 나를 그렇게 중요하게 여기면 다른 사람들이 대체 나에 대해 뭐라고 생각할까? 왜 내 의견이 그렇게 소중해야 하지?' 나는 건강한 자의식과 나르시시즘을 구분하지 못했다. 자기 자신을 사랑하는 모든 사람은 다 나르시시스트로 보였다. '저 사람들은 어떻게 저렇게 스스로가 만족스러울까? 누가 묻지도 않았는데 어떻게 자신의 의견을 아무렇지도 않게 말하는 걸까?'라는 생각이 들었다. 어느 순간 '내가 나를 존중하고 소중히 여기지 않으면 대체 누가 나를 존중한단 말인가?'라는 사실을 깨닫기 전까지는 말이다. 나는 지금까지 자신 없고 주눅 든 태도를 보이며 모든 이에게 나를 함부로 짓밟아도 된다고 문을 열어주었던 셈이다. 이것은 무언의 초대와 같았다. "헤이, 모두들 와봐요. 난 비참한 실패자예요. 부디 당신들이 하고 싶은 대로 나를 대해주세요. 자존감을 살리기 위해 내가 뭐든 할 테니까요!"

모두에게 좋은 소리를 듣기 위해 그토록 노력했건만 여전히 인정받는 데 실패하고 나면 마음은 더 불안해졌고, 다시 인정받기 위해 아등바등하는 악순환이 계속되었다.

자존감이 낮은 사람들은 이용당하기 쉽고 존중받지 못한다. 무엇보다 부족한 자존감으로 인해 잠재력을 잃고 자신이 부여받은 재능이나 능력을 다른 사람들과 나누지 못한다. 자신이 무엇을 할 수 있는지, 자신에게 어떤 능력이 있는지도 알지 못한다. 그러므로 중요한 건 두려움을 극복할 수 있게끔 자아가 건강해지고, 스스로가 있는 그대로 괜찮음을, 사랑받을 만하고 온전한 사람임을 알아야 한다. 사람의 가치는 말을 유창하게 하는가, 몸매가 좋은가로 측정되는 것이 아님을 깨달아야 한다. 그러므로 나는 수줍음을 극복한답시고 구체적인 연습과 훈련에만 치중하는 건 별로라고 생각한다. 다른 사람과 쉽게 대화를 시작할 수 있도록 스몰토크 소재를 마련하고 시나리오를 짜기 전에 선행해야 하는 작업은 적절한 마인드셋을 갖추는 것이다. 그러려면 기존의 사고방식을 의문시하고, 고정관념을 캐묻고, 감정 세계를 파헤쳐야 한다.

자신의 무엇을 변화시키고 싶으냐는 질문에 많은 사람이 이렇게 대답한다. "살을 빼고 싶어요." "돈을 많이 벌고 싶어요." "좋은 직장에 취직하고 싶어요." "낯선 사람들과도 이야기를 잘 했으면 좋겠어요." 뭐, 시작으로서는 좋다. 하지만 이런 식으로는 표면만 더듬을 따름이다. 이것은 그저 행동방식에 지나지 않는다. 더 중요한 것은 자신의 생각을 바꾸는 것이다. 생각이 행동을 결정하기 때문이다.

그리하여 나는 스스로의 생각과 행동을 반추해나갈 수밖에 없었다. 내적 불안(더불어 수줍음)을 조절하기 위해 일단 자신에게 귀를 기울이고, 왜 나는 자신에게 만족하지 못하는가를, 왜 감정 조절이 그리도 힘든가를 알아내야 했다. 여러 상황에서 나는 대부분 결과만을 느꼈다. 내 감정이 내게 "나는 못 해" 또는 "난 그렇게 강하지 않아. 결코 그렇게 될 수 없어" 또는 "그만하고 가자, 멜리나, 지금 당장!"(이것은 가령 당신이 사람들과 어떻게 이야기해야 할지 몰라 화장실로 도피하는 순간이다)이라고 말했다. 대체 무슨 일이 일어났는지 스스로 의식하지 못한 사이 내적인 보호 메커니즘이 작동해버렸고, 나는 그냥 그 메커니즘을 따랐다.

/// 내가 어떤 사람인지 모르겠다면, 자기 성찰 연습하기

우리는 종종 반응만 하고, 성찰은 거의 하지 않는다. 나는 늘 내가 성찰을 많이 한다고 생각했다. 밤낮으로 이 세상과 나 자신의 문제에 관해 골머리를 싸맸으니 말이다. 하지만 단순히 생각을 많이 하는 것과 올바른 방향으로 생각하는 것은 다르다. 그리하여 이제 나는 어떤 새로운 사고 패턴이 건설적이지 못한 옛 사고 패턴을 깨버리고 자존감을 높이는 데 도움이 되었는지 소개하도록 하겠다. 새로운 사고 패턴을 소개하기 전에 당부하고 싶은 말은 자신을 인내하라는 것이다. 때로 옛 패턴으로 돌아가도 포기하지 말라. 그것은 아주 정상적인 일이며, 그래도 되는 일이다.

굳어진 행동 패턴은 아주 어릴 적부터 길들여져 온 것이라

단번에 바꾸기 어렵다. 단박에 바뀌면 좋겠지만 말이다. 그런 패턴은 잠재의식 깊숙이에 숨어 있기에, 일단 그것들을 '깨워' 겉으로 드러내야 한다. 내 경우 내가 어떤 사람이고, 어떤 욕구를 가지고 있는지를 이해하는 데 여러 해가 소요되었다. 나 역시 자신의 감정을 억누르는 데 능숙한 사람에 속한다. 초연하고 감정을 절제하기에, 주변 사람들뿐 아니라 나 역시도 내가 그런 사람인 줄 알았다. 이 두꺼운 겉껍질이 진짜가 아니라는 사실을 스스로도 알아채지 못한 채 살아왔다. 나는 아직도 나 자신을 모두 알지 못한다고 확신한다. 조금씩 자신을 더 신뢰하고, 극심한 불안을 건강한 수준으로 조절하는 데도 시간이 걸린다. 그렇다. 우리는 평생 배우며 살아간다. 애초에 평생 배우고 성장한다는 생각으로 살아가야 한다. 그리고 아무리 해도 완벽해질 수 없음을 기억해야 한다.

자기 성찰은 그리 쉽지 않다. 자기 성찰을 하려면 스스로에게 계속 캐물어야 하기 때문이다. 캐묻는다고 해서 스스로를 시종일관 의문시하라는 뜻이 아니다. 감정의 근원을 물어야 한다는 뜻이다.

내가 관찰한 바에 따르면 여기서도 알곡 같은 사람과 쭉정이 같은 사람이 있다. 주변을 돌아보면 정말 많은 사람이 이런 자기 성찰 작업을 전혀 하지 않고 지낸다. 모두가 주변 세계에서 피드백을 받지만 왜 이런 피드백이 오는지, 이것이 정말 맞는 것인지 점검해보지 않고 지나간다.

- 상대가 왜 그런 말을 할까?
- 나는 왜 늘 이 지점에서 걸리는 것일까?
- 다른 사람들은 내가 간과한 무엇을 보고 느끼는 걸까?
- 내가 어떻게 하길래 그들이 그런 반응을 보이는 걸까?
- 내가 정말 그것을 원할까? 아니면 다른 사람들이 원하는 것일까?

많은 사람이 내적 현실과 외적 현실 사이의 간극을 메우려 하지 않는다. 그냥 눈을 가린 채 세상을 누비다가 밤이면 피곤해서 곯아떨어진다. 늙어 죽을 때까지 그렇게 산다. 올바른 질문을 던지지 못하고, 스스로를 정확히 알지 못하기에 인생에서 열릴 수 있었던 문들이 닫힌 채 남는다. 많은 것이 그런대로 잘 돌아가, 자신에 관해 성찰할 필요를 크게 느끼지 않는 경우도 종종 있다.

수줍은 사람들 4

뭐가 좋을지 결정하기가 너무 힘들어요

어릴 적 깜깜한 밤이 무서웠지만 동시에 별이 빛나는 밤하늘에 매력을 느꼈어요. 대학 시절 구두시험이나 프레젠테이션을 앞두고는 무척 떨리는 한편 어떤 평가를 받을지 궁금했죠. 사람이 많은 자리는 불편해요. 하지만 동시에 한 사람 한 사람이 무슨 생각을 하고, 어떻게 느끼고 행동하는지 궁금하죠. 새로운 경험, 새로운 과제, 새로운 만남은 시야를 넓혀주고, 설렘과 즐거움을 줘요. 그러는 동시에 껄끄럽고 불안하죠.

뭐가 옳은지, 내게 뭐가 좋을지, 내가 어떻게 결정해야 할지, 내 머릿속에는 많은 생각이 돌아다녀요. 주변 사람들의 조언도 많이 들어보지요. 그렇게 자신의 생각과 주변 사람들의 생각이 머릿속을 지배하다 보니 정작 내면의 음성을 듣지 못하곤 했어요. 이런 상황에서 내가 느끼는 불안과 의심, 자신감 없음이 정말로 이유가 있는 것인지, 아니면 그냥 부정적인 고정관념에서 비롯된 것이므로 밀고 나가야 할지 가늠하기가 어려웠지요. 왕왕 직관적 통찰 같은 게 느껴져도 이성에 따라 행동하고, 스스로를 다그치기 일쑤였어요. 그러고 나면 운명과 하느님과 이 세상을, 무엇보다 나 자신을 원망했죠. 스스로를 혹독하게 비판했기에 영혼은 혹사당해야 했어요. 많이 애쓰고 수고했다며 나 자신을 다독이고, 이런저런 일들에 신경 끄고 쉬는 일은 소홀히 했어요. 작은 실수만 해도 자책이 심했지요. 그렇게 지내다 신체가 뚜렷한 신호를 보냈을 때에야 비로소 내가 내 한계를 넘어섰다는 걸 깨달았어요. 이성과 반대로 신체가 경계를 설정했죠.

부정적인 경험과 우여곡절을 피했더라면 좋았을 텐데요. 하지만 그런 경험들이 의미가 있다면, 아마도 내가 계속해나갈 때만이 진보할 수 있다는 것, 단 짐을 가볍게 해야 한다는 걸 깨달았기 때문일 거예요.

프랑시스 피카비아Francis Picabia는 "우리 머리가 둥근 이유는 생각의 방향을 전환하기 위해서다"라고 말했어요. 나는 생각을 정리하고 심호흡을 하고 나 자신을 파악하기 위해 조용한 환경을 찾았어요. 자연 속을 거닐 때면 저절로 자기 성찰을 할 수 있었지요. 산봉우리 쪽을 바라보면 내가 지고 있는 정신적 짐이 작아 보였고, 골짜기의 '쓰레기'들과 거리를 둘 수 있었어요. 그것만으로도 이미 마음이 가뿐해졌어요. 숲, 호수, 바다를 오감으로 느낄 때면 마음이 여유로워져서 저절로 에너지가 충전되었고 이런저런 생각을 할 수 있었어요. 자연 앞에 서면 인생의 모든 것이 지나갈 따름이라는 것이 실감되었고, 모든 것이 감사하고 소중하게 느껴졌죠. 내면에 초점을 맞출 수 있었어요.

이 과정에서 계속 스스로에게 마음을 열고, 생각과 감정을 정리했어요. 친구들과 내가 친구라고 여겼던 이들을 정확히 바라보고, 내가 인생에서 이루어야 할 목표가 과연 무엇인지, 무엇이 그저 외부에서 떠밀려온 목표인지를 생각했죠. 그러자 여러 가지를 깨달았어요. 내가 너무 다른 사람들 위주로 살았다는 것. 주의력을 늘 부정적인 것에 돌려서, 긍정적인 것은 거의 빛을 발할 수가 없었다는 것. 다른 사람들을 위해 내 욕구를 너무 등한시했고, 경계 설정에 실패하곤 했다는 것. 거절하고 기대에 부응하지 않는 것은 쉬운 일이 아니에요. 하지만 내 삶을 살아가려면 꼭 필요한 일이었죠. 마음을 살피며 나는 내가 자신에게 바라는 높은 요구를 누그러뜨리고, 스스로에게 좀 너그러워져야 한다는 사실을 알았어요. 각각의 순간에 내가 할 수 있는 최선을 다해야 할지, 아니면 굳이 그럴 필요까지는 없는지를 구분하는 걸 배웠죠. 이를 통해 나는 힘을 빼고 어떤 상황이 긍정적인 가능성을 품고 있는지, 아니면 그냥 여기서 하차해버리는 게 좋을지, 아니면 더 적절한 결정을 내리기 위해 좀 더 기다려야 하는지를 물을 수 있었어요. 이 과정을 통해 이성이 폭넓어졌지만, 무엇보다 내면의 음성이 더 부각되었고, 직관도 한결 더 뚜렷하게 느낄 수 있었어요. 그렇게 나는 내가 바꿀 수 없는 일과 상황, 사람을 받아들이거나, 내려놓고 떨쳐버려야 한다는 걸 알았어요. 정말 쉽지 않은 일이었어요! 나는 종종 두 걸음 후퇴하곤 했어요. 기존의 구조, 사고 패턴, 관점을 변화시키는 건 정말 쉽지 않은 일이었죠. 다시금 옛 패턴으로 돌아가면 안 된다는 경각심이 그나마 용기를 잃지 않게 했어요. 그도 그럴 것이 내가 아니면 누가 내 앞에 놓인 장애물을 제거할 수 있겠어요? 그래서 나는 자기 의심을 극복해나갔고, 실수하거나 안 좋은 상황이 전개되어도 그것을 문제가 아니라 해결로 나아가는 과정으로 보기 시작했어요.

알렉산드라의 경험담

/// 자주 상처받는다면,
감정의 경로 추적하기

"내 이름은 토끼. 난 아무것도 몰라요."(독일에서 어떤 일에 관해 아무것도 모르고 상관하고 싶지도 않을 때 사용하는 관용구–옮긴이)

예전에 자신의 감정을 대하는 나의 태도는 위의 문장과 비슷했다. 나 자신을 이해하지 못했고, 때때로 내가 왜 그렇게 잠수를 타 버리는지 알지 못했다. 물론 나는 온종일 '나는 왜 이렇게 수줍고 소심할까' 자문했다. 하지만 내가 수줍고 소심하다는 인식만으로는 별로 달라지는 게 없었다. 나는 상당히 생각이 많은 사람이었지만, 올바른 질문을 던지기까지는 시간이 꽤 걸렸다.

자신과의 관계가 바로 정립되지 않으면, 자존감을 바로 세우기가 힘들고 다른 사람과 자신감 있는 관계를 맺기도 힘들다. 남편과 수없이 많은 대화를 하고, 심리학책을 많이 읽고, 변화의 의지를 다진 후에야 나는 몇 년에 걸쳐 서서히 나의 감정과 행동방식을 분석해나갈 수 있었다.

자기 성찰은 약간의 거리를 둔 채 자신을 바라보고, 자신에 대해 생각함으로써 자기 인식에 이르는 능력이다. 두뇌 속에서 새로운 소프트웨어가 돌아가는 모습을 상상해보라. 새로운 디스크를 장착하여 소프트웨어를 교체한 것처럼 말이다. 자기 성찰을 어떻게 실행해야 할지 알고, 그것을 일상의 루틴으로 만들면 당신은 자유로운 사람이 된다! 최소한 나는 그렇다고 본다. 자신의 감정을 추적할 수 있게 되면 어린 시절부터 고집스럽게 훈련해온 경직된 행동 패턴을 느끼고, 오랜 세월 장애물로 작용해온 생각들을 제거하거나 뼈아픈 기억을 떨쳐버릴 수 있다.

최근 몇 년간 나는 내가 왜 지금과 같은 사람이 되었는지 그 이유를 상당히 많이 알아냈다. 내가 왜 아주 작은 일에도 무참히 상처받은 느낌을 받는지, 어떤 경험들 때문에 수줍은 태도가 형성되었는지……. 지금의 나는 내면의 목소리가 "아, 보통은 그렇게 하지 않아!" 또는 "우리는 늘 그렇게 해왔어. 다른 방식은 맞지 않아"라고 말할 때 그 목소리가 어디에서 연유하는지를 알고 있다. 나 자신의 생각과 초자아가 내게 부과하는 기대, 사회적 압력을 구분할 수 있다.

이제 그날그날 '감정을 처리'하고 넘어가는 것이 유익하다는 걸 실감하고 있다. 남편은 내가 그날 있었던 일을 '소화'시킬 수 있도록 함께 대화하며 도와준다. 여전히 나는 거북이처럼 단단한 등껍질 속으로 빠르게 들어가 버리는 경향이 있기 때문이다. 나는 거북이(고양이와 더불어 내가 좋아하는 동물이다)와 공통점이 많다. 껍질이 단단하고, 속은 무르다. 몰아붙여지는 것을 싫어하고, 색깔도 주변과 비슷하게 우중충하다. 있는 듯 없는 듯하다. 무엇보다 거북이는 조금이라도 위험이 엿보이면 금방 단단한 등껍질 속으로 숨어버린다. 비유적으로 거의 나와 비슷하다! 따라서 나는 계속해서 거북이로 변신하지 않기 위해 누군가에게 내 생각을 털어놓고 그 생각을 추적하는 걸 배워야 했다.

/// 두려움에 휘둘린다면, '내면의 팀' 만나기

자신의 감정 세계가 어떤 상태인지를 알아내는 데 '내면의 팀 모델'이 굉장히 유용하다. 함부르크의 심리학자 프리데만 슐츠 폰 툰Friedemann Schulz von Thun은 『함께 이야기하기Miteinander reden』[8]라는 그의 책에서 이 모델을 상세히 다루고 있다. 내면의 팀 모델은 자신의 감정을 여러 멤버가 속한 팀처럼 상상하고, 각각의 멤버가 팀의 대표, 즉 당신을 위해 최선을 다하고자 할 뿐이라는 전제 아래에서 감정을 다루는 것이다.

기업 같은 곳에서 팀이 아주 다양하게 구성되는 것처럼 감정 세계도 그러하다. 어떤 구성원은 곧장 의견을 표명하고, 목소리가 크며 고집과 자기주장이 세다. 어떤 구성원은 조용하고, 때로는 있는 듯 없는 듯하므로 계속해서 다른 구성원들에게 치인다.

그리하여 서로 다른 의견과 시각을 가진 구성원들 간의 알력으로 결국 당신은 '원래'는 원치 않던 행동을 하게 될 수도 있다.

내 내면의 팀을 예로 들어보자. 내가 세빗CeBIT(매년 독일 하노버에서 개최되는 정보 통신 기술 전시회-옮긴이)에 참가했다고 하자. 이곳에서 나는 강연자에게 인사를 하고 싶다. 그와 안면을 트는 것이 내 일에 도움이 될 거라는 사실을 알기 때문이다. 무엇보다 좋은 강연을 잘 들었다고 감사를 표하고 싶다. 그런데 유감스럽게도 내 내면의 팀이 이런 행동에 의견 일치를 보지 못한다. 이상하게 보이지 않을까, 거부당하지 않을까 하는 두려움이 너무 커서 이와 의견이 다른 구성원들은 입을 열지 못한다. 호기심과 적극적으로 다가가고 싶은 마음이 긍정적인 면을 부각시켜 보려 하지만("생각해봐, 개인적으로 그를 알고 지내면 얼마나 멋지겠어! 강연이 좋았다고 말하면 무척 기뻐할걸!") 감히 두려움에 반기를 들지 못한다. 조금이라도 반기를 들라치면 금방 패닉 상태에 빠지는 다른 구성원들에 의해 무마된다. 그래서 나는 아무 말도 못하고 돌아 나와서는 그날 내내 "아, 내가 말을 걸었더라면 어땠을까" 하며 괴로워한다. 참나.

이 경우 좋은 방법은 내면의 팀 구성원 모두가 발언할 수 있는 팀 미팅을 주재하는 것이다. 우선 전형적으로 두려운 상황을 상정하고 가치판단을 배제한 채 모든 생각을 적어본다. 평소 두려워 기피하곤 했던 몇몇 상황을 떠올려보라. 자, 당신의 팀 미팅에는 어떤 멤버들이 참가할까? 그들은 뭐라고 말할까? 적어보

라. 남편과 함께한 '나의 뒤죽박죽 감정 이해하기' 회의는 여러 난이도로 이루어졌다. 컴퓨터 게임을 하듯이 일단은 낮은 레벨에서 시작해 한 단계, 한 단계 높은 레벨로 밟아 올라가야 했다.

레벨 1: 내 감정의 이름은 무엇일까?

진부하다는 생각이 드는가? 나는 이렇게 낮은 레벨에서 시작했다! 혼란스러운 감정 상태에 일단 이름을 붙이는 것으로 시작해야 한다. "기분이 좋지 않아"라고 하는 건 감정이 아니라 상태이다. 그것은 정의되지 않은 감정 덩어리이며, 경험상 그 안에는 각각 서로 다른 원인을 가진 일군의 감정들이 들어 있다. 그러므로 일단 자리를 잡고 앉아 조곤조곤 자문해야 한다. "내가 느끼는 감정은 어떤 것인가? 이 감정에 이름을 붙여줄 수 있을까? 어떤 이름이 가장 어울릴까?"

예전에 나는 분노와 슬픔을 구별하지 못했다. 나는 곧잘 "아, 너무 화나! (아무개는) 어떻게 내게 그런 말을 할 수 있지?"라거나 "아 정말 짜증 나네. 오늘 저녁은 도저히 외식할 기분이 아니야"라고 말했다. 그러나 사실은 화가 나거나 짜증 난 게 아니었다. 말할 수 없이 상처 입고 슬펐던 것이다. 물론 화도 났겠지만, 그보다는 마음의 상처가 훨씬 컸다. 그러나 감정을 제대로 분류할 수 없었기에 내가 상처를 받았다고 말하지 못했다. 분노나 공격성을 보이면 위로는 주어지지 않는다. 내가 어떤 마음인지 제대로 표현할 수 없었기에 주변 사람들에게 내게 절실한 위로를 얻지 못했다. 정말 어리석은 일이었다. 잠재의식 입장에서는 분노하는 것이 더 쉬운 선택이었다. 약하고 상처받기 쉬운 자신의 모습을 인정하는 연습이 되어 있지 않았다. 상처받는 것에 대한 두려움이 너무 컸다. 그래서 사실은 슬픈 감정을 느꼈음에도 화를 내는 것이 더 쉬웠던 것이다.

자신이 느끼는 감정을 제대로 명명하는 걸 배워야 한다. 여러 상이한 두려움과 동경이 합쳐져 기분을 구성할 때가 많다. 그럴 때는 힘이 들더라도 감정을 각각의 구성 요소로 분해해 하나씩 따로따로 관찰해야 한다. 그렇지 않으면 감정을 달랠 수 없으며, 계속 무거운 짐을 끌고 다니는 것처럼 하루하루 더 괴로워진다.

따라서 내면의 팀원들인 각각의 감정에 이름을 찾아주어라. 그러면 그들이 당신에게 무엇을 원하는지도 알게 될 것이다! 한 가지는 확실하다. 감정들은 이유 없이 존재하지 않는다는 것 그리고 모두가 정당성을 갖는다는 것이다. 그러므로 부정적인 감정을 무조건 무시하거나 부인하려 하지 말라. 자, 이제 레벨 2로 가보자.

레벨 2: 이 감정은 어디서 왔을까?

수줍은 사람으로서 당신은 이제 총알처럼 이렇게 대답할지도 모른다. "맞아요. 난 두려워요. 이게 내 감정이에요." 좋다. 이것이 시작이다. 하지만 두려움은 그리 구체적이지 않다. 이 개념은 뒤이은 질문의 토대가 될 뿐이다. 두려움이 무엇으로 이루어질까? 어떤 요소들이 합쳐진 것일까?

우리는 신호를 제대로 해석할 줄 알아야 한다. 감정의 신호가 올 때 "이 신호가 어디에서 올까? 무엇이 이런 신호를 유발할까?"를 물어야 한다. 잠재의식은 우리에게 신호를 보내며 해가 될 수 있는 상황을 경고한다. 직관을 신뢰해야 하는 이유가 이것이다. 하지만 때때로 잠재의식은 올바른 추론을 하지 못하고 엉뚱한 신호를 보내기도 한다. 그러므로 때로는 신호를 의심해야 한다.

두려움으로 말하자면 아주 정상적이고, 많은 상황에서 유용한 감정이다. 동물원에서 두려움 없이 야생동물 우리 속으로 손을 집어넣는다면 어떻게 되겠는가. 하지만 잠재의식이 보내는 두려움 신호가 과장될 때도 있다. 이성적으로 우리는 다른 사람들을 무서워할 필요가 없다는 것을 알고 있다. 사람들이 우리의 손을 물어뜯을 일은 거의 없다. 하지만 그럼에도 레벨 1에서 우리는 두려운 감정이 존재한다는 걸 확인하곤 한다. 수줍은 이들에게는 늘상 있는 일이다. 내면의 팀 구성원 하나하나를 대상으로 상세한 인터뷰를 진행하기 전에 먼저 한 가지 짚고 넘어가자. 내면의 팀 구성원들이 어떤 이미지로 다가오는가? 나이 들고 지혜로운 상담자처럼 느껴지는가? 그러면 참 좋을 것이다. 하지만 우리의 감정들은 보통 어린아이와 같다. 우리는 그들이 잘 조율되도록 올바르게 훈련시켜야 한다. 우리는 평생 감정을 지도하고 인도해야 한다. 나이 많고 경험 많은 사람 중에도 몸만 늙었지 마음은 어린아이와 같은 사람이 많다. 물론 팀의 리더로서 우리는 세월이 가면서 성숙해지고, 더 의식적이고 더 나은 결정을 내릴 수 있어야 할 것이다. 늙는 것은 저절로 되지만, 성숙은 저절로 되지 않는다.

감정을 정확히 분석하기

감정의 이름을 안다면, 이제 그것들을 근본적으로 분석해볼 차례다. 지금 내 속에서 무슨 일이 일어나고 있는지 알고자 한다면 반드시 좋은 질문을 던져야 한다! 기본적으로 세 가지만 알아내면 된다.

- 어떤 감정이 이야기를 하고 있는가? (감정 확인)
- 언제부터 그 감정이 내게 이야기를 하고 있었는가? (시점)
- 그 시점에 무슨 일이 일어났는가? (원인)

이 세 가지 질문의 답을 알면 세부적으로 들어갈 수 있다. 자, 당신이 혼잣말로 "아, 기분 나빠!"라고 되뇌인다고 하자. 내면의 팀 중 한 멤버가 당신에게 이것을 전달하면 당신은 어떻게 할까? 우선 당신은 어떤 멤버가 그 말을 하고 있는지를 알아내야 한다. 하나의 감정이 그 말을 하고 있는가? 아니면 한 감정이 앞장서고 다른 감정들은 배후에 있는가? 다른 감정들이 말 보태기를 주저하고 있지 않은가? 경험은 다양한 측면을 가지므로 종종 여러 감정이 뒤섞여 있을 것이다.

자, 이제 다음 질문이다. "나는 언제부터 이런 감정을 느끼고 있었는가?" 자기 성찰을 시작할 때는 이런 질문이 필수적이다. 자기 속에서 새로운 목소리가 등장했다는 걸 신속하게 알아채지 못하는 경우가 많기 때문이다. 따라서 이렇게 질문해야 한다. "지금 몇 분 사이에 나의 감정이 변했는가 아니면 몇 시간 전부터 그랬는가? 오늘 그 일이 일어났는가 아니면 어제인가?" 이런 질문을 자주 던질수록 시점을 더 빠르게 규정할 수 있다.

시점이 확인되면 세 번째 질문인 원인은 금방 드러난다. 아마도 어떤 대화나 경험 때문일 수도 있고, 읽은 내용이나 생각 때문일 수도 있다. 이런 세 가지 질문에 대답하고 나면 무엇이 불안과 두려움을 야기하는지 더 잘 알 수 있게 된다.

: 내 안에서 답을 발견할 수 있도록 도와주는 질문들 :

》 나는 어떤 감정을 느끼고 있는가?

》 한 가지 감정인가, 여러 가지 감정인가?

》 한 감정이 앞장섰는가, 배후에 어떤 감정들이 있는가?

》 언제부터 그런 감정을 느꼈는가?

》 그런 감정이 어디에서 비롯했는가?

》 무슨 일이 있었는가?

》 무슨 변화가 있었는가?

》 그 감정이 외부에서 기인하는가?

》 다른 사람들의 행동 때문인가?

》 경험 때문인가?

》 새로운 정보 때문인가?

》 그 감정이 내부에서 기인하는가?

》 양심에 걸리는 뭔가를 했는가?

》 내가 뭔가를 소홀히 했는가?

》 각인된 과거의 경험과 관계가 있는가?

》 과거의 경험에서 어떤 신념 혹은 무언의 규범을 도출했는가?

》 똑같지는 않지만 비슷한 느낌이 드는 과거의 어떤 상황 때문인가?

》 훈련된 태도와 관계있는가?

》 내가 믿는 사회적 규범을 위반한 것과 관계있는가?

» "다른 사람들은 그렇게 하지 않아" 또는 "그렇게 말하지 않아"와 같은 고정관념 때문인가?

» 외부 사람들은 내 상황에 관해 뭐라고 말을 할까?

» 친구나 동료가 보는 시각과 균형을 맞춰보자.

감정을 분석하는 것이 쉽지 않은 일임을 눈치챘을 것이다! 만족스러운 대답을 찾으려면 집요하게 질문해야 하고 종종 상당히 깊게 파고들어 가야 한다. 정확히 추적해 들어가야 모든 감정 구성원이 만족하는 해결책을 발견할 수 있다. 중요한 것은 감정들이 조화를 이루게끔 해야 한다는 것이다. 특정 감정을 억누르면, 다른 자리에서 다시 고개를 내밀고야 만다. 억누른 감정은 저절로 사라지지 않고 은밀히 당신을 갉아먹는다. 그러므로 감정들이 당신에게 하고 싶어 하는 말에 골고루 귀를 기울여라.

숨겨진 메시지 발견하기

자기 성찰이 '감정 → 원인 → 해결책'이라는 공식대로 간단히 이루어진다면 정말 좋을 것이다. 하지만 삶은 늘 그렇게 간단하지만은 않다. 감정 팀이 감당하기에 모순적이고 애매한 상황이 닥치면, 내적 갈등은 굉장히 심해진다. 여기서는 자기 성찰을 힘들게 하는 최고의 적수인 이중 메시지를 살펴보자. 감정 세계의 이중적인 메시지를 푸는 것은 자신 및 주변 사람들과 건강한 관계를 맺는 열쇠이기 때문이다. 우리 같은 수줍은 사람들에게 이것은 특히 중요하다. 우리는 다른 사람들의 피드백에 신경을 많이 쓰며, 동료 인간들의 행동에서 자신의 가치를 확인하고자 한다. 그러다 보니 주변 사람들의 행동에서 자꾸 숨겨진 메시지를 찾으며 그것에 마음을 쓰다가 신경이 무지하게 날카로워지기도 한다. 이렇듯 감정생활이 쉽지 않은 이유는 수줍은 사람이 상대하는 사람들 역시 감정에 문제를 가지고 있을 때가 많아서다.

'숨겨진 메시지'의 전형적인 예는 이런 대화이다.

여자 (웃으면서) "자기야, 어떤 옷이 마음에 들어? 파란 거 아니면 검은 거?"

남자 "파란 거."

여자 (자못 실망한 낯빛으로) "흠, 다른 옷을 입으면 예쁘지 않다는 거야?"

모두가 이런 우스운 상황을 알고 있을 것이다. 남자는 잘못한 게 하나도 없음에도 낭패를 당한다. 불쌍한 그의 감정 팀은 너무나 헷갈려서 자기 성찰을 통해서야 비로소 바탕에 깔린 문제를 찾아낼 수 있다. 여자는 "어떤 게 마음에 드냐"며 객관적인 정보를 구하는 듯 질문한다. 하지만 그녀의 다음 말을 보면 그녀가 감정적인 차원에서 자신의 가치에 대해 물었음이 드러난다. "다른 거 입으면 예쁘지 않다는 이야기야?" 즉 못생겼냐는 것이다. 불쌍한 남자는 상황에 맞게 대답했지만 애초에 승산 없는 게임이었다.

아직 쓴웃음을 짓고 있을지 모르지만 다음 예로 가보자. 여기서는 이런 종류의 커뮤니케이션이 감정을 얼마나 헷갈리게 만드는지가 드러난다.

엄마 "쓰레기 좀 밖에 내다 줄 수 있니?"
아이 "에, 지금은 안 돼요. 영화 보는 중이라서요."
엄마 (실망해서) "그래, 그럼 계속 봐라! 엄마를 참 잘도 도와주는구나. 엄만 널 위해 모든 걸 하는데 말이야!"

무슨 일이 일어났는가? 아이의 감정 팀은 비상 사이렌을 울린다. 여기서는 정말로 뭔가가 맞지 않기 때문이다. 부탁은 꽤나 객관적인 영역에서 이루어졌다. 그래서 아이는 부탁을 들어줄지 말지 자유롭게 결정할 수 있다는 인상을 받았다. 하지만 엄마의 반응은 몹시 혼동을 초래한다. 아이는 딱딱하면서도 반어적인 요구를 받는다. 엄마는 "그래 그럼 계속 봐"라고 말한 것이다. 그러나 감정적인 영역에서 아이는 엄마의 사랑에 부응하지 않았으니("난 널 위해 모든 걸 하는데") 잘못했다는 메시지를 받는다.

객관적으로 이야기하는 듯하지만 서브텍스트subtext에 두 번째 메시지나 기대가 숨겨져 있는 이런 방식의 의사소통은 감정팀에겐 그야말로 초긴장을 불러일으킨다. 심리학에서는 이런 행동을 이중 구속double bind 이론9이라 부른다. 부모에게 종속되어 있는 아이는 가능하면 부모에게 맞추려고 노력한다. 하지만 계속해서 '제대로' 행동하기가 불가능하다는 것을 확인한다. 이것은 굉장히 좌절감을 불러일으키는 일일 뿐 아니라 앞으로의 태도에도 영향을 미친다. 아이는 갈등을 해결하기 위해 이러지도 저러지도 못하고 혼란을 느끼며 결국 아무런 반응을 하지 못하게 된다. 그리고 이후 다른 커뮤니케이션에도 자신감 있게 임하지 못한다. 물론 이런 현상은 아이에게만 국한되지 않는다. 하지만 우리의 무의식적인 행동방식은 무엇보다 어린 시절에 생겨나고 굳어진다.

자신의 감정을 이해하고 각각의 감정에 대해 차별화된 대화를 나누는 법을 배우지 못한 이상, 성인이 되어서도 상대 앞에서 혼란스럽고 무기력한 태도를 보이게 된다. 이런 태도가 병리적으로 발전하지는 않는다 해도, 장기적으로 커뮤니케이션에 문제를 초래할 수 있다. 당신도 이런 난감한 상황을 겪을 때가 있다면, 이중 구속을 알아채고 대처해야 한다. 여기 몇 가지 대처 방법이 있다.

위의 예에서 의사소통이 제대로 이루어지지 않은 것은 진정한 동기를 은폐하고 있기 때문이다. 그러므로 아무리 노력해도 상대에게 도저히 맞추어줄 수 없음을 확인한다면 의사소통에 이중 메시지가 작용하고 있음을 깨달아야 한다. 상대가 이를 인정하건 인정하지 않건 그건 중요하지 않다. 중요한 건, 당신이 그걸 인식하고 거기에 휩쓸리지 않는 것이다. 이중 메시지가 있음을 알았다면 이 두 가지 메시지를 명확히 구분하고, 각각 따로따로 대답해야 한다. 어떻게 하면 될까?

메시지의 두 부분에 따로따로 나누어 답함으로써 이런 이중 구속을 끊을 수 있다. 첫 번째 예에서 남자의 입장이 되어보자. 우선 여자가 객관적인 답이 아니라 자신의 존재를 확인받고 인정받고 싶어 한다는 걸 깨달았다면 바로 이렇게 말할 수 있을 것이다. "당신은 뭘 입든 아름다워! 그런데 오늘 저녁에는 파란 옷이 좋을 거 같아."

이런 식으로 객관적인 대답과 서브텍스트에 대한 대답을 구분함으로써 일단은 상황을 무사히 모면할 수 있다. 하지만 이제 실생활에서 되도록 자주, 터놓고 그녀의 자존감과 확인받고 싶은 욕구에 관해 이야기하면 좋을 것이다. 대화를 이끌어내기 위해 남자는 이렇게 말할 수 있을 것이다. "옷 질문 뒤에 내가 정말 당신을 아름답다고 생각하느냐는 질문을 숨기고 있잖아. 당신

왜 그래? 그렇게 자신이 없어?" 그로써 두 개의 메시지를 인식했고 설명을 바란다는 점을 분명히 표현할 수 있다.

그렇다면 엄마의 예는 어떨까? 여기서는 조금 더 어려워진다. 아이는 자신에게 무슨 일이 일어나고 있는지 전혀 알지 못하므로 성숙한 반응을 보일 수가 없기 때문이다. 가능한 반응은 이 정도가 될 것이다. "엄마, 엄마를 도와주지 않으려는 게 아니에요. 그런데 영화 다 보고 하면 안 돼요?" 이렇게 대답하면 아이는 최소한 이론적으로는 두 개의 메시지에 다 반응하는 셈이 된다. 그러나 실생활에서는 보통 제삼자가 여기서 무슨 일이 일어나는지를 파악하고 적절히 개입하지 않으면 아이는 어찌할 바를 모르고 혼란을 겪게 된다.

이런 상황을 우리 수줍은 사람들에게 적용하면 어떻게 될까? 상대의 반응이 당신을 헷갈리게 하면 그에게 직접 물어보라. 몇 시간 동안 골머리를 싸매다가 마지막에 당신이 완전히 잘못 짚었음을 확인하는 일이 없도록 말이다. 단순히 "그게 무슨 뜻이죠?"라고 물어라. 상대가 모든 문장을 곱씹어본 뒤 신중하게 말을 꺼냈으리라고 가정하지 말라. 수줍은 사람들 입장에서는 놀랍겠지만, 그리 오래 생각하지 않고 즉흥적으로 말을 내뱉는 사람이 많다!

레벨 2는 가장 어려운 단계이다! 처음의 질문 리스트는 아주 간단해 보인다. 쉽게 따라갈 수 있는 핸드북 같다. 그러나 불안을 정말로 이해하고 분류할 수 있게 되기까지 거쳐야 하는 여정은 장거리 경주와 흡사하다. 불안에 맞설 수 있는 솔직함과 의지력이 필요하다.

레벨 2를 실천하며 나는 나 자신을 상당히 잘 알게 되었다. 하지만 그럼에도 계속해서 헷갈리는 상황으로 미끄러져 들어가곤 한다. 내가 수줍음에 대처하는 길을 발견했다고 해서 수줍음이 더는 문제가 되지 않는 건 아니다. 하지만 자기 성찰의 도움으로 상황을 평가하고 방향성을 점검할 수 있다. 원인을 탐구하다 보면 때로는 뜻밖의 진실이 드러나 놀라기도 한다. 그러니 불안해하지 말고 원인을 파헤쳐보라! 레벨 2를 마스터했다면 당신은 꽤 전진한 것이다. 평생 거기까지 근접도 못 하는 사람이 많다. 자신과 자신의 행동을 이해하고, 자신이 어찌하여 언제 어떻게 행동하는지를 알아야 비로소 머릿속이 자유로워진다. 그러면 잠재의식 속의 혼란스러운 불안과 의심을 양지로 끌어내고 자기 성찰의 도움으로 해결책을 적극 모색할 수 있다.

레벨 3: 그날그날 감정을 정리하라

레벨 3은 일종의 예방법으로 볼 수 있다. 나는 매일 자기 성찰을 행하며, 낮 동안에 찾아든 모든 감정을 반추한다. 그렇게 하면 하루를 '매끄럽게' 마무리할 수 있다. 또한 몇 주 혹은 몇 달씩 점점 불어나는 짐을 지고 일상을 살아가다가 아주 작은 일로 패닉에 빠지는 일을 예방할 수 있다. 감정을 무시하고 모든 것이 저절로 다시금 좋아지겠지 생각하면 감정들이 계속 불거지고 만다.

우리 몸은 무엇이 필요한지 아주 잘 안다. 에너지와 영양분이 필요하면 "배고파!" 하고 외친다. 보통은 배가 꼬르륵거리는 소리로 신호를 보낸다. 배가 고프면 신경이 아주 예민해지고, 때로는 두통이 찾아온다. 그렇게 우리는 배고프다는 신호를 받고 시기적절하게 배고픔을 해결한다. 보통 사람은 배고프다는 신호를 며칠씩 무시하며 지낼 수 없다. 그 신호를 무시한 채 왜 그렇게 자신이 화가 나는지 혹은 불안하게 쏘다니는지 잊어버리고 지낼 수는 없다. 내가 음식을 먹지 않아서 이렇게 상태가 나빠졌음을 명백히 안다.

하지만 감정은 속기 쉽다. 몇 주, 몇 달 혹은 몇 년까지도 무시해버릴 수 있다. 그러고 나면 뭐랄까, 감정의 넝마 같은 것이 생겨난다. 어떤 감정인지 이름은 붙일 수 있지만 이 감정이 왜 생겨났는지 원인은 알 수 없다. 느껴지는 건 혼란스러운 감정의 덩어리일 뿐, 왜 이렇게 매일 기분이 엉망인지 더 이상 알 수 없어지는 것이다.

나도 그런 상태가 되곤 했다. 완벽주의에 관한 이야기를 기억할 것이다. 실수를 하면 나는 한동안 그것을 용서하지 않고 죄책감을 그냥 끌고 다녔다. 내 머리는 이렇게 말했다. "괜찮아, 멜리나. 충분히 일어날 수 있는 일이었어." 하지만 내 감정은 완전히 다른 말을 했다. 사안이 대두되었을 때 즉각 감정을 정리하지 않고 내버려 둔 탓에 몇 주 동안 응어리진 감정을 안고 생활했고 감정의 응어리는 날이 갈수록 점점 커졌다. 나는 감정에 눌려 허덕이면서도 이유를 알지 못했다. 감정을 시기적절하게 정리하지 않으면 이런 일이 일어난다!

감정의 응어리를 일단 예리한 눈길로 보며 이렇게 물어야 한다. "헤이, 넌 도대체 뭐냐?" 그러면 대부분 감정은 각각의 구성 요소로 분해된다. 응어리가 조각나는 것이다. 그 조각은 이런 것들이다. 첫째, 실수가 너무나 부끄럽고, 형편없는 사람으로 보일까 봐 두려웠던 것. 둘째, 자존심이 너무나 상하고 자책감이 드는 것. 셋째, (사실 이것이 가장 큰 조각인데) 나는 이 일을 잘 해내고 싶었고, 이로 인해 내 능력을 확인받고 싶었는데 모든 것이 뜻대로 되지 않고 오히려 퇴보한 상황에서 나의 능력을 의심하게 되었던 것.

요즘 나는 소화되지 않은 감정을 그대로 끌어안고 하루를 마치는 우를 범하지 않으려고 노력한다. 그래서는 안 되기 때문이다! 문제를 그대로 끌어안고 잠자리에 들면 잠이 잘 안 올 뿐 아니라, 잠이 들더라도 불안하게 자게 되어, 다음 날 아침 온몸이 두들겨 맞은 것처럼 컨디션이 좋지 않다. 악몽을 꾸기도 하고, 내 경우는 자다가 이를 심하게 가는 바람에 다음 날 아침 턱과 머리에 통증을 느끼며 깨어난다.

조금만 세심하면 이런 고생을 하지 않아도 된다! 내가 레벨

1과 2에 소개한 것을 매일 잠들기 전에 한 번씩 실행해보라. 나는 매일 5분 정도 시간을 할애한다. 그날 경험한 일은 생생하게 기억나니까 금방 처리할 수 있다. 나는 속으로 그날 있었던 일을 색인카드처럼 죽 훑으며 빠른 시간 내에 나의 감정을 평가한다. 왜 이런 감정이 느껴질까? 원인이 무엇일까? 죄책감이 느껴지는가? 내가 죄책감을 느껴야 할까? 아니면 그럴 필요가 없을까? 감정이 바로 잘 설명되지 않을 때면 레벨 2에서 소개했던 질문을 계속 던진다. 그러고는 가령 누군가의 말이나 행동이 나를 심란하게 만든다는 걸 감지하면 이렇게 자문한다. "내가 그에게 직접 그 일에 대해 물어보거나 말을 해야 마음이 정리될까? 아니면 그냥 신경을 꺼야 할까?" 말을 해보는 것이 좋겠다는 대답이 나오면 이제 어느 정도 마음 편히 잠자리에 들 수 있다. 어쨌든 그다음 날 문제 해결을 위해 뭔가 할 수 있음을 알기 때문이다.

1. 나는 내 감정이 어디서 비롯됐는지 안다.
2. 나는 이 일을 어떻게 다룰지 결정했다.
3. 나는 감정을 인식하기 위해 내가 할 수 있는 것을 했다(통제가 내 영향 안에 있는가 밖에 있는가?).

   내가 할 수 있는 것: 자신의 느낌을 파트너나 친구와 나누며, 자신이 그렇게 느끼는 게 맞는지 가늠해본다. 불가피한 경우 그 감정을 야기한 사람과 직접 대화해본다.

감정을 그날그날 처리해버리는 것은 내게 중요한 일이다. 그렇게 하지 않으면 생각의 쳇바퀴가 다시 돌아가, 자기 의심이 가당치 않게 세력을 떨치기 때문이다.

레벨 4: 자신의 감정을 예측하기

레벨 1부터 3까지 마스터하고 정신적 짐을 줄인 사람은 레벨 4에서 굉장한 능력을 갖게 된다. 자신을 잘 알게 되면 어떤 감정들은 감정이 오기도 전에 미리 예감할 수 있기 때문이다.

나는 어떤 상황에서 두려움이 몰려올지 알고 있다. 사람들 앞에서 이야기해야 할 때나 낯선 사람들과 만나야 하는 자리에 가면 두렵다. 시간이 가면서 좀 나아지긴 했지만, 예나 지금이나 그리 쉽지는 않다. 낯선 사람들의 이목이 집중되는 자리는 아직도 편하지 않다. 하지만 결국 잘 해내리라는 걸 안다. 그냥 편하게 사는 것보다 더 큰 유익과 의미를 추구하기 위해 기꺼이 의식적으로 안전지대를 박차고 나올 수 있다. 그러고 나면 용기와 강인함, 무엇보다 성장이 보답으로 주어진다. 자신을 극복할 때 주어지는 세 가지다. 모든 것을 100퍼센트 매끄럽게 하지 않아도 괜찮다. 오히려 불완전했을 때 뿌듯함이 더 커진 적이 많다. 지금까지 부담스럽고 공포스럽고 실패할까 봐 두려워하던 상황을 이제는 조금 다르게 바라보게 된 것이다.

"이런 상황이 긴장된다. 하지만 좋다. 나의 성장에 도움이 되기 때문이다"라고 말할 수 있다. 문제를 이런 시각으로 보는 것은 우리를 부쩍 성장시켜준다. 수줍음과 불안을 의식하지만, 더는 감정적으로 패닉에 휘둘리지 않을 수 있다. 그렇게 드디어 안전지대에서 한 걸음 내디뎌 새로운 경험들을 축적할 수 있다. 내 내면의 팀을 잘 알고 있으면 많은 상황에서 이런 내면의 팀 구성원들이 어떤 반응을 보일지, 어떤 영향을 행사할지 예상할 수 있다. 구성원 중 누구를 돌보고 위로해야 할지, 누구를 밀어주고 동기부여를 해야 할지 가늠할 수 있다. 그러다 보면 많은 상황에서 자신이 어떤 기분을 느끼게 될지도 미리 알 수 있다.

지금까지 당신은 가장 크고 시끄러운 두려움의 목소리만 들었을지 모른다. 그러나 앞으로는 변하게 될 것이다. 이런 훈련은 감정 세계의 마스터키와 같기 때문이다. 자신이 수줍고 소심한 이유를 탐구하는 것이 항상 쉽지만은 않다. 하지만 그만큼 가치 있는 일이라고 확신한다. 언제나 말이다!

/// 쉴 새 없이 자신을 비난한다면, 건강한 내면의 대화 나누기

말에는 힘이 있으며, 감정 세계에 어마어마한 영향력을 행사한다. 그러므로 내면의 대화가 우리의 기분과 주변에 대한 판단을 좌우하는 것도 당연하다.

앞에서 나는 두려움을 억압하지 않고 자신의 일부로 인정하는 것이 중요하다고 이야기했다. 두려움과 불안은 다른 인격적인 부분들처럼 우리에게 속하는 것이며, 자신에게 귀 기울여주고 이해해주기를 바라고 있다. 그러니 두려움과 불안을 기꺼이 인정하고 마음을 편하게 먹어라. 섣불리 안전지대를 떠나지 못한다고 자신을 다그치거나 비하하지 말라. 당신은 '나 혼자 속으로 무슨 말을 하든 뭔 상관이야'라고 생각할지 모른다. 속으로 무슨 말을 하든 아무런 상관없는 일 아니냐고 말이다. 하지만 그렇지 않다. 마음먹은 대로 하지 못했다고 속으로 자신을 비하하면 앞으로 나아갈 수 없다. 나의 자기 비하 레퍼토리를 몇 가지 소개한다.

- 멜리나, 모르는 사람과 함께 있다고 네 친구들한테 인사도 못 하냐. 이 바보야.
- 넌 어찌 그리 어벙하냐. 그냥 입만 헤 벌리고 머뭇거리고 있으면 어떻게 해.
- 넌 정말 아무짝에도 쓸데가 없다. 대체 뭐가 되려고 그러니?

그러나 자기 자신을 이렇게 생각하는 것은 정말 보탬이 되지 않는다. 스스로와 불화하는 것은 가뜩이나 힘든 상황을 더 힘들게 만든다.

위와 같은 말을 가족이나 친구에게 한다고 상상해보라. 할 수 있을까? 저렇게 상대를 끌어내려 블랙홀 속으로 들여보낼 수 있을까? 그럴 수 없을 것이다. 하지만 자기 자신에게는 곧잘 그렇게 하지 않는가. 당신은 자신이 다른 사람에게 그런 말을 들어도 싸다고 여기지 않을 것이다. 말은 선물이 될 수 있다. 말로 사람을 세워주고 북돋우고, 새로운 힘과 확신을 불어넣을 수 있다. 그러나 무기처럼 사용하여 주변의 모든 것을 산산조각 낼 수도 있다. 자신에게도 마찬가지다.

현실은 믿음에서 비롯한다. 온종일 스스로가 무용지물이라고 되뇌면 정말 그것이 현실이 된다. 외부 세계에서 지각하는 모든 것은 내면의 지각에서 연유한다. 건전한 자의식을 가지고 있지 못하면, 자신의 감정을 다른 사람에게 투사할 확률이 높다. 한동안 나를 관찰하고는 다음과 같은 내 모습을 발견했다. 당신에게도 낯설지 않을지 모른다.

한 카페에 들어갔는데, 잠시 후 구석에서 여성 두세 명이 소곤거리는 모습이 눈에 띈다. 그러면 나는 이렇게 생각한다. '왜 그럴까? 십중팔구 내 흉을 보는 걸 거야! 내 헤어스타일이 촌스러운가 봐. 립스틱이 번졌나 봐. 오늘 입은 이 청바지가 얼마나 이상한지 곧장 알아챘나 보군. 그러면 그렇지!'

그다음 날은 마트 계산대 앞에 서 있다. '계산원이 힘든 하루를 보냈나 보다. 포인트를 적립하려고 회원번호를 입력하는데 나한테 퉁명스럽게 대하는 게 그래서일까?' 하지만 그런 다음 나는 이렇게 확신한다. '사실은 나를 싫어하는 걸 거야! 처음 봤지만 뭔가 나한테 반감을 느끼는 게 틀림없어. 대체 나는 왜 회원번호 하나 제대로 입력하지 못하고 버벅대는 걸까?'

'게다가 상사가 나에게 프레젠테이션을 하라고 하네. 날 엿먹이려는 게 틀림없어. 미친 거 아냐? 내가 다른 사람들 앞에서 발표하는 걸 죽기보다 싫어하는 걸 알 텐데.' 이쯤 되면 셀프 사보타주라고 할 수 있다! 슬프고 좌절감이 밀려온다.

다 나만 쳐다보는 것 같아

때로 나는 모두가 혐오스러운 눈빛으로 쳐다보는 외계인이 된 기분을 느끼곤 한다. 모두가 나를 뚫어져라 쳐다보며 내가 뭔가 실수하기를 기다리는 것만 같다. 영원히 무대에 서 있는 듯한 느낌이다. 관중들이 다음 순간 내게 썩은 달걀이나 토마토를 던질 것만 같다. 이런 내게 남편은 어느 순간 진실을 전해줬다. "멜리나, 당신은 모두가 당신을 주시할 만큼 그렇게 중요한 사람이 아냐!"

작은 사고 실험을 해보자. 당신은 방 안에 어떤 사람과 단둘이 있다. 그 사람이 당신만 생각할 확률이 얼마나 될까? 우리의 얼굴 표정과 보디랭귀지의 60퍼센트는 단지 내면 상태의 반영이라고 한다. 즉 상대의 보디랭귀지와 얼굴 표정은 당신에 대한 반응이 아니라, 상대의 감정 상태를 보여주는 것이라는 이야기다. 어쨌든 대부분은 당신과 관계없는 것들이다. 따라서 누군가와 단둘이 방 안에 있다 하더라도 상대는 당신보다 자기 자신에게 관심을 갖는다.

자, 그럼 한 공간에 열 명이 함께 있을 때는 어떻게 될까? 그 열 명이 모두 당신만 생각할까? 서로 다른 열 명이 모든 에너지를 당신 한 사람에게만 집중하고 있을까? 이제 백 사람과 함께 있을 때를 상상해보라. 모두가 당신만을 생각할까? 서서히 감이 올 것이다.

심리학자들은 이렇듯 모두가 자신만을 주시하는 것처럼 착각하는 현상을 스포트라이트 효과[10]라고 부른다. 사회공포증이 있는 사람들은 모든 사람이 자기만 쳐다보며, 자신의 행동을 주목한다고 상상한다. 수줍은 사람들은 자신의 중요성을 굉장히 과대평가한다. 그러나 진짜로 무대에 서본 사람은 관중의 주의를 사로잡기가 얼마나 힘든지 잘 안다. 늦어도 15-20분이 지나면 관중들의 시선이 떠나가 버린다. 아직도 온 세계가 당신을 주시한다고 믿는가? 사람들은 단순히 자기들의 관심사에 골몰해 있다. 수줍은 사람으로서 나는 이런 말을 들으면 안도감이 느껴진다. 다른 사람들이 내 행동을 주시하고 있지 않다는 사실은 참으로 안심이 된다. 그렇지 않은가?

칭찬을 하면 좀 받아들여!

누가 얼마나 자주 나를 칭찬하든 아랑곳하지 않았던 날들이 떠오른다. 오직 내 의견만을 고수한 채, 그 무엇에도 흔들리지 않았던 것이다. "한 가지 진실만이 있으니, 그것은 바로 내 생각이다!"라고 외친 꼴이었다. 나는 '내가 나를 가장 잘 알아. 다른 사람들은 내가 진짜 어떤 사람인지 잘 몰라'라고 생각하며 나의 거부 반응을 정당화했다. 사람들이 "잘했다"고 칭찬하는 말은 가치가 없었고 내게 전혀 와닿지 않았다. 누가 내가 한 일을 칭찬할

만하다고 여기는 것은 중요하지 않았다. 나는 이런 칭찬의 말을 부인하거나 거부할 이유를 수없이 댈 수 있었으니까.

이런 마음은 나의 얼굴 표정과 행동에 고스란히 드러났고 다른 사람들도 내 생각을 뻔히 눈치챘다. 태도를 통해 다른 사람들에게 "당신의 의견은 전혀 중요하지 않아요. 나는 다르게 보거든요!"라고 전달하는 격이었으니 말이다.

이런 태도를 고수하면, 다른 사람들은 더는 굳이 수고롭게 당신을 설득할 필요를 느끼지 못한다. 몇 번 그렇지 않다고 설득하다가, 어느 순간 힘이 빠져서 포기한다. 그러면 긍정적인 관계가 성립하기 어렵다. 파괴력으로 똘똘 뭉친 허리케인과 누가 맞서고 싶겠는가. 어느 순간 사람들은 아무 말도 하지 않고 나를 제외한다. 자신이 더 이상 존중받지 못한다고 느끼며 무슨 말을 해도 통하지 않는다고 여기게 되는 것이다. 이런 식으로 악순환이 일어날 수 있다. 사실 수줍은 사람들은 친한 사람들과 생각을 나누고자 하는 소망이 크기 때문이다. 따라서 자신이 현실이라 믿는 것을 조정할 필요가 있음을 명심해야 한다.

친한 친구나 파트너와 대화하다 보면 잘한 것, 못한 것의 기준이 당신과 많이 달라서 놀랄 수 있다. 당신이 한 일이 누구의 기준에서 그렇게 형편없는 것일까? 어느 정도가 잘한 것인지 누가 말해줄 수 있을까? 다시금 원인 탐구(자기 성찰 레벨 2)를 해야 할 수도 있다. 하지만 친구와 함께하면 규명하기가 더욱 쉬울 것이다. 다만 그러려면 스스로 마음의 문을 열고, 상대의 생각이 자신과 다를 수 있음을 받아들일 준비가 되어 있어야 한다. 다른 사람들이 우리에게 부족하면서도 중요한 시각을 제공해줄 수 있음을 겸허히 받아들여야 할 것이다.

나 자신을 어떻게 보고 자신에 대해 어떤 말을 하는지가 현실에 결정적인 영향력을 행사한다! 의식적으로 긍정적인 것에 집중하고 자신을 너그럽게 대하는 사람은 지각이 달라지고, 상황을 역전시킬 수 있다. 그러니 지금부터라도 자신에게 잘해주어라.

나 자신에 대해 어떤 말을 하고, 어떤 단어를 사용하는지 의식적으로 관찰해보라. 당신과 같은 상황에 처한 사람에게 당신이 뭐라고 말해줄지 생각해보라. 내면의 비판자에 대항해 승리를 거두고 부정적인 '자기 대화'에서 떨어져 나오는 한 가지 방법은 자기 긍정 확언을 하는 것이다. 이것이 무엇이고, 긍정적인 자아상을 확립하는 데 어떻게 기여하는지는 '내가 나에게 보내는 응원가, 자기 긍정 확언' 부분에서 살펴볼 것이다. 궁금하면 곧장 그곳을 읽어봐도 좋다. 자신이 보는 시각과 다른 사람이 보는 시각이 일치하지 않는다는 걸 확인하면서 차츰차츰 수줍음을 극복해나가는 사람이 많다. 다른 사람들과 함께 자신의 감정과 관찰과 느낌을 이야기하다 보면 가령 '다른 사람들이 나를 능력 있고 똑똑하고 친절하다고 생각하네. 나는 그렇게 생각하지 않았는데'라는 걸 깨닫는다.

그러므로 자유로워지고자 한다면 자신을 다른 사람의 눈으로 보는 연습을 해야 한다. 다른 사람이 우리가 하는 일을 좋게 생각한다면 그것은 나쁜 일일 수 없다. 우리의 내적 지각은 방정식의 일부일 따름이다. 균형 잡힌 평가를 내리려면 외부 피드백이 필요하다. 그래야 더 포괄적인 상을 만들 수 있다! 특히나 다른 사람들이 당신을 칭찬하거나 당신에 관해 좋은 말을 하면, 그들의 의견을 존중하는 법을 배워야 한다. 그들을 무시하지 말아야 한다. 이제 나는 긍정적인 피드백을 받으면 그것을 표창장이나 트로피라고 생각한다. 모든 칭찬은 트로피다. 나는 이것을 긍정적인 경험만을 모아두는 나의 정신적 진열장에 진열해놓는다. 이를 시각화하기 위해 성공 일기를 쓰거나 성공의 순간들을 쪽지에 적어 유리병에 모아놓으면 좋을 것이다. 누군가가 당신에게 좋은 말을 해주면 곧장 그것을 기록하라. 언젠가 이것을 유용하게 들춰볼 날이 올 것이다.

: 성공 일기 쓰기 :

단어에서 추측할 수 있듯이 성공 일기에는 일상의 크고 작은 경험들을 기록하면 된다. 물론 좋은 경험을 말이다. 살다 보면 자꾸 어그러진 부분, 잘 안된 부분에만 주목하기 쉽다. 그러다 보면 좋은 것들은 자꾸 뒤로 밀리고, 제대로 된 것이 별로 없는 듯한 찜찜한 기분으로 하루를 마감하게 된다. 의식적으로 아름다운 것, 좋은 것에 주의를 기울여 하루를 보내며 감사했던 일이나 기뻤던 일을 세 가지 적어보라.

성공 일기는

- » **자신감을 높인다.**
- » **가치 있는 일을 했다는 느낌을 준다.**
- » **의식적으로 긍정적인 것에 집중할 수 있도록 도와준다.**
- » **자책감 없이 평온한 마음으로 하루를 마감할 수 있게 해준다.**

작은 수첩과 필기구를 마련하고 3분만 투자하자. 그리 어렵지 않다.

'Jar of Awesome'(근사한 기억을 수집하는 병)이라 부르는 아이디어도 기본적으로 이와 다르지 않다. 좀 더 근사하게 하고 싶다면 예쁜 유리병을 하나 마련하라. 핀터레스트 같은 곳에서 유리병을 많이 보았을 것이다. 인테리어 사진에 예쁜 병이 많이 등장한다. 당신도 나처럼 작은 순간들의 소중함을 깨닫는 데 별로 소질이 없다면 유리병을 구입해 침대 옆 탁자나 식탁에 올려놓고 살다가 좋은 일이 있을 때마다 그 일을 쪽지에 기록해 병에 보관하라. 오늘 일어난 좋은 일을 몇 달 뒤에도 자연스럽게 기억할 것이라고 생각하는가? 놀랍게도 그렇지 않다. 아침에 뭘 먹고 나왔는지조차 기억나지 않을 때가 많지 않은가. 따라서 좋은 일을 적은 쪽지를 모아두고 우울한 기분이 들면 유리병을 열어 쪽지를 읽어보라. 그러면 금세 세상이 훨씬 더 즐거워 보일 것이다.

/// 사람들과 관계 맺기가 어렵다면, 진솔하게 감정을 표현하기

긍정적인 것에 시선을 돌리기는 어렵지 않다. 다른 사람들의 말을 귀담아듣고 속으로 곧장 '사실은 그렇지 않아. 난 그렇게 생각하지 않아!'라고 외치지만 않으면 된다. 하지만 한 걸음 더 나아가 다른 사람들과 좀 더 자유롭게 소통하고 싶다면 마음을 열고 감정을 나누어야 한다. 모든 감정을! 부정적인 감정, 긍정적인 감정, 그 밖에 별로 중요해 보이지 않는 시시껄렁한 감정을 말이다.

수줍은 사람의 파트너로 사는 건 그리 쉬운 일이 아닌 듯하다. 수줍은 사람은 별로 말이 없는 경우가 많기 때문이다. 입을 떼는 게 그리도 힘들어서야 되겠는가? 어떤 일은 너무나 '명백해서' 굳이 말로 할 필요가 없다고 생각하는가? 혼자 조율하면 되지 굳이 시시콜콜 파트너와 상의할 필요가 있겠느냐고 생각하는가?

나 역시 그렇게 생각하는 사람이었다. 그러다 보니 내 딴에는 다른 어느 누구보다 남편에게 가장 마음을 열고 있다고 생각하는데도, 남편은 나를 베일에 싸인 사람처럼 느꼈다. 나는 깊고 복잡한 심경을 말로 표현하는 것이 불쾌했기에 많은 일을 굳이 이야기하지 않았다. 내가 느끼는 감정들이 부끄러웠고 내 생각을 말하면, 기존의 나의 이미지가 깨질 것 같았다. 더 안 좋은 것은 내게 남편이 소중한 사람임을 결코 말로 표현하지 못했다는 것이다. 말로 하는 게 왠지 유치하고, 감상적으로 느껴졌다.

당신도 그러한가? 이런 식의 수줍음은 파트너 사이에서는 유익하지 않다. 건강한 관계는 솔직하게 마음을 터놓고 서로 신뢰하는 데 기초하기 때문이다. 자신의 문제를 혼자 속으로 삭이고 파트너 앞에서 감정을 드러내지 않을 때마다 당신은 관계에 흠집을 내는 것이나 마찬가지다. 삶에서 겪는 안 좋은 면들까지 함께 감당할 용의가 있는 파트너를 감정적으로 굶주리게 하는 것이다. 자신의 감정 세계를 비밀에 부치고 파트너가 자신의 감정을 이해할 거라고 믿지 않을뿐더러, 파트너에 대한 소중함과 고마움을 표시하지 않음으로써 파트너에게 관심을 할애하지 않는 것이다. 사실 파트너도 당신처럼 관심을 간절히 필요로 하는데 말이다.

수줍은 사람 중에는 파트너 관계에서 이 같은 태도를 보이는 사람이 많다. 나는 아주 해결 지향적인 사람이며 논리를 중요시하는 인간이다. 그래서 굉장히 감정적인 싸움에서도 객관적인 논지로 밀고 나가려는 경향이 있다. 감정이 없기 때문은 아니다! 내가 몹시 예민한 사람이라는 점을 기억하자. 다만 나는 어리석게도 오랫동안 감정과 별로 친하지 않았고, 감정을 지각하고 다른 사람들에게 그것을 드러내며 이해시키기보다 머리를 무기로 활용하는 쪽이 더 쉬운 길이라 생각했다.

이런 삶의 방식은 부정적인 이목을 끌지 않고 그럭저럭 살기에는 괜찮았으나, 결혼한 지 몇 년 지난 뒤에도 감정을 말로 표현하지 못한 채 살아가는 형국이 되었다. 나는 나 자신을 상당히 열린 사람이라고 생각한다. 모든 걸 그리 성급하게 판단하지 않으며, 다른 사람들이 특이한 행동을 해도 쉽사리 놀라지 않고 오히려 매력을 느낀다. 작은 일로 다른 사람들을 거부하는 일은 없다. 하지만 이 모든 일이 내 속에서 시작되고 종결된다. 그 과정에 관해 아무도 알지 못한다. 내가 서면으로 전달하지 않는 이상 말이다. 글로 표현하는 것은 상당히 잘한다. 그래서 내가 블로그에 글을 올리기 시작하자 남편은 "아, 이제 당신의 블로그 친구들이 나보다 당신에 대해 더 많이 알겠네"라고 농담을 했다. 물론 그렇지는 않겠지만, 그럼에도 일리가 있는 말이었다!

그래서 나는 이제 '사람들을 더 많이 돕는 것'과 더불어 '더 많이 이야기하는 것'을 생의 과제로 삼았다. 오해하지 말라. 내가 애초에 말이 없었던 건 아니다. 단지 감정에 관해 말하지 않았을 따름이다. 그리하여 나는 자기 성찰을 1단계부터 시작했다. 나는 그동안 탁월한 기계였을지 몰라도, 인간으로서는 과히 인간미가 느껴지지 않는 존재였던 것이다.

사회적 두려움을 넘어서려면 다른 사람들과 우리가 느끼는 감정, 우리가 받은 인상에 대해 이야기해야 한다! 이것이 필수이다. 가까운 사람들에게 허심탄회하게 마음을 터놓고 감정을 이야기하지 못하는 상태에서는 장기적으로 수줍음을 극복하기가 불가능하다. 나는 이것을 기본으로 본다.

성공적인 자기 성찰은 다른 사람들과 더불어 성찰하는 것을 포함한다. 규칙적으로, 아니 매일 하면 가장 좋다. 매일 잠자리에 들기 전에 머릿속을 정리하는 것이 힘들다면, 누군가를 그 일에 끌어들여라. 남편, 자매, 친구, 부모, 누구라도 좋다. 이 사람에게 진정으로 마음을 터놓아라. 정말 아무도 없다면 일기를 써라. 머릿속을 스쳐 가는 모든 것을 처리하라. 멋지게 들릴 필요도 없고, 의미가 있을 필요도 없다. 그저 머릿속에서 꺼내놓으면 된다! 풀어놓으라. 긍정적인 생각이든, 부정적인 생각이든, 생각을 홀로 짊어지고 다니지 말라.

"기쁨은 나누면 두 배가 되고, 고통은 나누면 절반이 된다."

식상하지만 정말 맞는 말이다!

매일매일 자신이 만들어놓은 현실 속에서만 살고 주변 세계와 나누고 조율하는 작업은 전혀 하지 않는 것은 서서히, 그러나 확실하게 죽어가는 것과 마찬가지다. 자기 내면의 나침반만 신뢰할 수는 없다! 그 나침반은 당신은 열등하며, 아무도 당신의 생각에 관심 갖지 않을 거라고 이야기한다. 또는 당신이 이러이러하게 느낄 이유가 없다고 이야기한다. 틀린 말이다! 모든 감정은 이유가 있어서 생겨나는 것이며, 각각 정당성을 지닌다. 이를 말로 표현하지 못하고 억누르면 그 감정은 점점 강해져 사람을 더욱더 짓누를 뿐이다.

뒤로 물러나 마음의 빗장을 걸어 잠그면 사람들과의 관계가 더 삐걱거린다는 걸 누차 확인했다. 예전에 나는 자주 나 자신의 감정에 호도되어, 나를 부정적으로 생각하고 내가 한 일을 하찮은 일 정도로 끌어내리며, 다른 사람들이 나에 대해 나쁘게 이야기하거나 이러이러하게 행동할 거라고 있지도 않은 일을 상상했다. 직업적으로 앞에 나서서 전문적인 의견을 제시하고 나면 사람들이 나를 시답지 않게 보지 않을까, 속으로 무시하지 않을까 상상하곤 했다. 또는 내 감정 세계가 얼마나 부정적이고 어두운지를 이야기하면 아무도 나와 친구가 되려 하지 않을 거라고 생각했다.

그냥 말해버리면 될 것을

내가 보이는 전형적인 수줍은 행동방식 중 하나는 바로 자칫 예의에 어긋날까 싶어 직접적으로 묻거나 표현하는 걸 꺼려

하는 것이었다. 사람들에게 상처 줄까 봐 차마 입에 올리지 못한 말이 많았다. 프라이버시를 침해하는 질문이 아닌데 궁금해도 꾹 삼켜버리곤 했다. 하지만 그 결과 사람들은 내게 보호받고 존중받는다고 느끼기보다는 거리감을 느꼈다.

대부분 그냥 단순하게 "당신이 내게 XY라고 말씀하셨는데, 그게 무슨 뜻이에요?"라거나 "당신도 이러이러할 때가 있나요?"라고 물어보면 되지만, 이런 간단한 질문도 수줍은 사람은 하기가 힘들다.

감정을 말로 표현하고 나누지 못할 때 보통 두 가지 일이 일어난다. 첫째는 할 말이 생각나도 말을 하지 못하고 입을 다물어버린다. 그냥 침묵한다. 특히나 직장에서 그런 일이 일어난다. 그러면 장기적으로 이런 소극적인 태도가 불이익을 가져다준다. 투명 인간 취급을 받고 답보 상태를 면치 못하게 된다. 둘째로는 참다가 폭발해버린다. 성찰하지 못하고 억눌러오다 보니 감정이 오랫동안 누적되고, 어느 순간 작은 일이 불꽃을 일으키면 엄청난 에너지를 방출한다. 그러면 이제 주변 사람들뿐 아니라 자기 자신도 놀라고 만다.

최근에 나는 친구와 함께 예나 지금이나 내 생각을 표현하는 것이 힘들다는 이야기를 나누었다. 내가 마음을 터놓으려고 많이 노력함에도 여전히 힘들다고 말하자 친구 역시 그렇다고 답했다. 다른 많은 사람도 마찬가지다. 남편과 이야기하다 보면 나는 이미 걷잡을 수 없이 감상적인 상태가 되어 눈물을 쏟을 것 같고, 그래서 좀 자제해야겠다 생각하는데, 남편은 여전히 이해할 수 없다는 듯이 눈을 동그랗게 뜨고는 나를 목석 쳐다보듯 할 때가 있다. 주변 사람들은 입버릇처럼 나에게 "편하게 해라", "그냥 마음을 터놓아도 된다"고 말한다. 그런 와중에 나는 닐 게이먼Neil Gaiman이 한 다음과 같은 말이 가슴에 와닿았다. "자신의 모든 것을 보여주었고 내어주었다는 생각이 든다면, 그때가 비로소 자신을 내보일 수 있는 시점이라고 여겨라."[11]

의사소통에서 수줍음을 느끼는 사람들이 힘들어하는 또 하나는 바로 필요한 도움을 부탁하는 게 몹시 꺼려진다는 것이다. 쇼핑센터 같은 데에 갈 때면 나는 직원의 도움을 구하기가 힘이 든다. 그냥 너무 수줍다. 판매원에게 말을 거는 것은 사실 빙산의 일각이다. 판매원이야 아는 사람도 아니고, 기껏해야 질문 하나 하는 거니까. 쉽지 않지만 그래도 워밍업 수준이다.

판매원에게 말을 거는 것보다 훨씬 더 어려운 건 바로 아는 사람에게 도움을 구하거나 시간을 내어달라고 부탁하는 것이다. 그들도 나와 마찬가지로 분주하고 나름 걱정거리가 있을 것이라는 생각에 수줍은 이들은 부탁하기 전에 이렇게 자문한다. '내 문제가 바쁜 사람의 시간을 뺏을 만큼 중요한 것일까? 공연히 민폐 끼치는 건 아닐까? 부탁하면 싫어하지 않을까?' 이런 질문들이 늘 머릿속을 맴돈다. 부탁이 약함을 드러내는 일이 아니라는 걸 객관적으로는 알지만 소용이 없다. 그러나 당신을 도울지, 돕지 않을지는 상대의 판단에 맡겨라. 끽해야 안 된다고밖에 더하겠는가. 해보지도 않고 지레짐작해서 포기하지 말라. 지레 안 될 거라고 생각하는 건 상대에 대한 월권행위다! 상대에게 선택권을 주고 강요하지 않는다면, 상대도 기꺼이 도움을 베풀려 한다는 걸 확인하게 될 것이다. 누군가를 도우면 뿌듯함이 느껴진다. 당신을 도울 때도 마찬가지다.

스티브 잡스는 언젠가 이렇게 말했다.

"내가 늘 확인하는 바, 한 가지는 확실하다. 사람들은 대부분 청하지 않기에 이 모든 경험을 하지 못하는 것이다. 내가 부탁했을 때 도와주지 않은 사람은 아직 한 명도 없었다."

/// 불안함을 줄이고 싶다면,
커뮤니케이션의 기초 익히기

수줍은 사람들에게 이야기를 하는 건 특히나 힘든 일이다. 배우자에게조차 수줍어하고 마음을 털어놓기가 힘든 마당에, 낯선 사람에게는 어떻겠는가. 그러나 살다 보면 낯선 사람들과도 이야기를 해야 한다. 아, 정말 끔찍한 일이다. 이 경우 수줍음은 정말 걸림돌이 된다.

누군가와 세 마디도 하지 않고 하루를 보내는 건 유감스럽게도 거의 불가능하다. 식당이나 카페에서 주문을 하다가 갑자기 예상치 못한 질문을 받아 당황한 나머지 말이 제대로 나오지 않는 경험을 해봤는가? 주문을 끝내고 나는 그저 "네", "감사합니다", "네, 그게 전부예요", "안녕히 계세요" 정도의 말을 할 준비를 하고 있는데 갑자기 "팬케이크에 시럽을 얹어드릴까요 아니면 파우더 설탕을 뿌려드릴까요?" 혹은 "복합과일잼이 들어 있는 걸로 드려요 아니면 살구잼으로 드려요?"라고 물어오면 당황하여 과부하가 걸려버린다.

이쯤 되면 보통은 "에……", "음……" 같은 소리가 먼저 나오고, 대답을 하기까지 거의 세 시간은 걸리는 듯한 느낌이 든다. 진열대 뒤에 선 직원은 기다리기 지루한지 계속 양발을 번갈아가며 제자리걸음을 걷고 있는데 내 머릿속은 새하얗기만 하다. 결론인즉슨 나는 시럽을 얹는 걸 더 좋아한다. 하지만 직원이 물어온 것에 놀라 말문이 막혀서 종종 내가 원하는 걸 말하지 못하는 사태가 일어나기도 한다. 내가 주문할 때 모기만 한 목소리로 말한 나머지 상대가 알아듣지 못해서 비롯되는 일이다. 상상해보라. 160센티미터인 내가 거의 내 목까지 올라오는 유리 진열대 앞에 서 있다. 진열장 안을 쳐다보려면 당연히 고개를 숙여야 한다. 그 상태에서 주문을 하면 내 목소리는 일단 유리판을 향했다가 그곳에서 튕겨져 나온다. 혼잣말을 할 때는 아무런 상관이 없을 것이다. 하지만 진열대 뒤쪽에 서 있는 직원에게는 작은 웅얼거림으로밖에 들리지 않는다. 내가 원하는 걸 확인해주기 위해 까치발을 들고 서서 직원과 시선을 맞추며 이야기하면 참 좋을 텐데 말이다.

이런 불편한 상황에서 빠져나가는 길은 그냥 아무거나 눈앞에 놓인 것을 가리키는 것이다. "라우겐이요?" 고개 끄덕. "몇 개요?" 침묵. "두 개요?" 고개 끄덕. "더 필요하신 게 있나요?" 고

개 젓기. 끝! 그렇게 해서 빵을 구입할 수는 있다. 하지만 사실 나는 결코 라우겐을 먹고 싶지 않았고, 푸딩이 들어 있는 더 맛있는 빵을 먹고 싶었다. 수줍은 사람들에게 이런 일은 다반사다. 자신이 원하는 것의 이름이 뭔지 모르기에, 그냥 기존에 아는 것의 이름을 말해버린다. 판매원에게 묻는 것이 마치 약점을 노출하는 것처럼 꺼려지기 때문이다.

내가 이런 사소한 일들로 삶을 얼마나 힘들게 만들었는지를 생각하면! 수줍음이 정말 심한 시기에는 여러 사람이 있는 곳에 가는 것 자체가 고통이었다. 그냥 일주일에 한 번 장을 보러 가는 것도 힘들었다. 나는 긴장하면 말을 버벅거리거나 곧잘 말끝을 흐렸고, 경주에 나가기라도 한 듯 말이 빨라지기도 했다. 더 심하면 그냥 시선만 마주쳐도 이미 얼굴이 벌게졌다. 사람들이 내게 무슨 말을 할지, 무슨 질문을 할지 예상할 수 없다는 사실이 굉장한 스트레스로 다가왔다. 아, 대체 어떻게 해야 한단 말인가?

미소는 최고의 약이다

———

"수줍은 사람은 자신이 바나나를 가로로 집어넣을 수 있을 만큼 입을 쫙 벌리며 웃는다고 생각해요. 하지만 사실은 오이피클 하나 집어넣을 수 있을 만큼이려나……, 그 정도예요.”

보르빈 반델로[12]

이 문장을 읽으며 얼마나 웃었는지 모른다. “맞아!”라고 인정할 수밖에 없었다. 자칫 뻔한 말 같지만, 나는 정말로 힘주어 말하고 싶다. 미소는 얼음을 녹이고 서먹함을 없애주는 최고의 방법이라고 말이다. 특히나 수줍어서 얼굴이 잘 빨개지고, 낯선 사람의 눈만 쳐다봐도 말문이 막히는 사람에겐 미소가 가장 효과적인 친교 수단이다. 기본부터 시작하자. 자유로운 행동으로 나아가기 위해 미소는 가장 쉽게 따라 할 수 있는 방법이다. 진부하게 들리는가? 어떤 조언은 소박하고 단순하다.

때로 나는 에스컬레이터에 선 채 생각에 잠겨 있는 내 모습을 떠올려본다. 그럴 때 나는 어떤 모습일까? 흠, 완전히 부루퉁한 표정을 짓고 편두통이 있는 것처럼 이맛살을 찌푸린 모습이다. 수줍음을 극복하기로 한 이후, 내가 길거리나 에스컬레이터에서 모르는 사람을 붙잡고 이야기를 시도하는 건 아니다. 나는 결국 내성적인 사람이니까 말이다. 하지만 내가 (내 기준에서) 씩 웃으려고 노력한 이후 나는 훨씬 더 나아지고 있다. 내 미소를 보고 주변 사람들도 미소로 답해준다. 그러면 한결 수줍음이 가신 기분이 된다. 때로는 입을 벌리고 환하게 웃는다. 나쁘지 않다!

미소는 누군가에게 해줄 수 있는 최고의 선물이다. 비용도 들지 않고, 순식간에 상대방의 얼굴에 행복한 기운을 선사할 수 있다. 순간 마음이 통하고 기분이 좋아진다. 심리학자들은 미소가 기분을 눈에 띄게 '업'시킬 뿐 아니라 신체 자세를 바꾸는 것만으로도 기분이 나아진다는 사실을 규명했다.[13] 어깨를 펴고 당당한 자세를 취하기만 해도 자신감이 높아진다.

'세상에서 나만큼 수줍은 사람이 또 있을까?'라는 생각이 든다면 미소를 연습해보라. 꼭 대화를 할 필요는 없다. 스스로 다른 사람의 기분에 감정을 이입하고 다른 사람에게 좋은 기분을 선사하려고 노력해보라. 이것만으로도 상당히 긍정적인 성공을 경험할 수 있을 것이다. 편안하게 웃을 수 있다면 (나아가 자기 자신을 웃음거리로 삼을 수 있다면) 나머지는 저절로 해결된다. 당신이 다른 사람들에게 어떤 인상을 줄지 잘 모르겠다면, 가족이나 친구에게 피드백을 부탁해보라. 그리고 그런 인상을 받는 이유가 무엇인지 물어보라. 좋은 인상을 주겠다고 일부러 위장하지 말라. 결국 다른 사람들에게 당신이 진정 누구인지를 보여주려는 것이 목표 아닌가. 당신 안에는 명랑하고 즐겁고 친절한 사람이 있다. 그리고 당신은 바로 이런 모습 그대로 인식될 것이다.

미국의 작가 마야 안젤루Maya Angelou는 이렇게 말했다.

"내가 알게 된 것 한 가지는 우리는 사람들이 한 말이나 행동을 곧잘 잊어버린다는 것이다. 그러나 우리가 결코 잊지 않는 것이 있으니 그것은 사람들이 우리 안에 어떤 감정을 불러일으켰는가 하는 것이다."

나는 이 인용문을 아주 좋아한다. 이 말은 우리가 머릿속으로 무슨 생각을 하는지는 별로 중요하지 않다는 걸 상기시켜준다. 그보다는 우리를 대하는 상대가 어떤 기분이 될 것인가가 중요하다는 것이다. 상당히 이타적인 접근이다. 상대가 나와 더불어 기분 좋게 느끼려면 내가 무엇을 해야 할까? 신기한 것은 늘 '나'만 생각하다가 더는 나에 관해 생각하지 않고, 어떻게 하면 타인을 유쾌하게 해줄 수 있을까를 고민하면 갑자기 내가 본연의 나 자신이 된다는 것이다. 미소는 두 사람을 이어주는 지름길이다. 미소와 더불어 친밀감과 신뢰가 생겨난다. 내가 무슨 말을 하는지, 내가 얼마나 똑똑한지는 아무도 기억하지 못한다. 반면 내가 지은 기쁜 표정은 모두가 기억한다. 그럴 때 나는 100퍼센트 나 자신이다. 나도 모르는 새 캐스팅되어 스포트라이트를 받는다는 느낌도 들지 않는다.

스몰토크의 필요성

시작은 늘 미소로. 그다음 이제 한 걸음 더 나아가야 한다. 다른 사람들이 당신의 미소에 녹아서 대화가 필요 없어지는 상황은 일어나지 않을 테니 말이다. 사람들이 당신을 보자마자 단박에 호감을 느껴서 용기 있게 당신에게 먼저 말을 걸어준다면 멋질 것이다. 그러나 누군가가 말을 걸어오기 전에 당신 스스로 말을 할 수 있으면 더 좋을 것이다. 자, 해보자. 직장에서 수줍은 사람들은 빠르게 뒷전으로 밀려날 우려가 있다. 게다가 늘 상황에 맞게 재치 있는 말을 하는 동료들처럼 순발력을 발휘하지 못해 일을 그르칠까 봐 지레 기가 죽는다. 순수한 친목 모임에서도 수줍은 사람들은 불리한 위치에 놓인다. 이런 장소야말로 다름 아닌 스몰토크 능력이 필요하기 때문이다.

아 스몰토크! 우리가 얼마나 그 말을 싫어하는지. 그럼에도 이것 없이는 아무것도 안 된다. 일단 중요한 점을 하나 짚고 넘어가자면, 스몰토크는 밤을 지새우며 낯선 사람과 환담하는 것이 아니다. 사람들에게 둘러싸여 아무 말이나 되는대로 지껄이는 것도 아니다. 스몰토크는 서로 첫인상을 주고받고 공통점을 발견하는 것이다. 이번 만남이 다음번에는 더 깊어질 수도 있다. 그러나 꼭 그래야 하는 건 아니다. 그러므로 별다른 기대도, 압박감도 없이 힘을 빼고 편안한 자세로 스몰토크에 임하면 좋을 것이다.

나는 은밀한 두려움, 실수하고 실패한 일들, 그런 것들에서 무엇을 배웠는지에 대해 이야기하기를 좋아한다. 하지만 그런 까다로운 주제에 대해 이야기하려면 일단 어느 정도 신뢰가 형성되어야 한다. 그러기 위해서는 스몰토크가 선행되어야 하는데, 이마에 "부디 저에게 창피했던 경험들을 이야기하라고 해주세요"라는 표지판을 붙이고 다닐 수는 없는 노릇 아닌가. 더구나 아무나 붙잡고 쥐구멍에 들어가고 싶었던 경험을 이야기할 수도 없는 노릇이다.

잘 모르는 사람들과 자연스럽게 의사소통을 하려면 섬세한 감각이 필요하다. 스몰토크라고 하면 뭔가 복잡하게 들린다. 꺼내서는 안 될 주제가 있고, 반드시 말해야 하는 주제가 있고……. 으, 복잡해! 하지만 알고 보면 그리 어렵지 않다! 여기 자연스럽고 자신 있게 스몰토크 할 수 있는 팁을 소개한다.

1. 스몰토크에서도 미소가 중요하다. 미소는 첫걸음이며 '아이스브레이킹'을 보장해준다. 달리 내가 미소를 따로 살펴본 것이 아니다.
2. 올바르게 자기소개하기, 어떻게 할까? 도리스 메르틴Doris Märtin과 카린 뵈크Karin Boeck는 자신들의 책[14]에서 'G-N-A-테크닉'을 소개한다. 인사Gruss-이름Name-가벼운 화젯거리Aufhänger로 넘어가라. 입이 잘 떨어지도록 집에서 연습해봐도 좋다.
3. 멋진 말을 해야 한다는 강박에서 벗어나라. 완벽주의는 집에 머물리라. 다른 사람들은 모두 그냥 편안하게 이야기한다. 이것이 스몰토크의 의미이다. 그냥 날씨 같은 것에 대해 이야기하면 된다.
4. 내키지 않으면 말을 많이 하지 않아도 된다. 모든 사람이 이야기를 잘 들어주는 사람을 좋아한다. 당신의 대화 파트너도 편안해할 것이다. 앞으로 나서지 않는 것 역시 사람들이 높이 평

가하는 미덕이다.

5. 말하는 건 은이고, 묻는 건 금이다. 자신을 부각시키는 것은 중요하지 않다. 스스로 돋보이고자 하는 것은 이기적인 시각이다. 성장을 가져다주기보다는 자기 의심만 야기할 따름이다. 상대방이 말하는 것에 관심을 보이며 질문을 던져라. 당신이 보이는 진정한 관심을 상대가 느끼면 자연히 대화가 좋은 기억으로 남을 것이다.
6. 상대에게 안정감을 주고자 노력하라. 상대 역시 마찬가지로 신경이 날카로워져 있을지 모른다. 우선 상대가 편안해하도록 배려하면 당신이 균형을 잡는 데도 도움이 될 것이다. 영국의 찰스 2세는 언젠가 "좋은 대화의 기술은 불안한 사람에게 안정감을 주는 데 있다"고 말했다.
7. 어떤 대화 상대는 말을 많이 한다. 자기 말만 한다. 관계를 위해 그냥 계속 말을 들어줄 것인지, 아니면 상대에게서 도망쳐 시간을 더 의미 있게 활용할 것인지 결정하라. 누군가와 대화하는 게 의무는 아니다. 더구나 그 사람이 시시껄렁하고 지루한 이야기나 늘어놓는다면 말이다. 어떻게 하면 빠져나갈 수 있을까? 틈을 봐서 친절하게 손을 내밀어 악수하고는 "대화 즐거웠어요"라고 말하라. 이것이 대화를 우아하고도 확실하게 끝내는 가장 좋은 방법이다.
8. 원한다면 대화하기 좋은 주제를 메모해 커닝페이퍼를 작성하라. 이상하게 들릴지 몰라도 도움이 된다. 상대가 직업적으로

무슨 일을 하는지, 영감의 원천은 무엇인지(가령 책 같은), 대화 상대와 자신이 참여하고 있는 행사나 모임이 마음에 드는지 등은 늘 좋은 주제이다.

9. 유쾌한 선에서 끝내라. 스몰토크는 상대의 의사는 묻지도 않은 채 누군가를 붙잡고 한 시간 이상 장광설을 늘어놓는 것이 아니다. 상대에게 늘 대화를 끝낼 수 있는 기회를 주어라. 스몰토크는 자고로 편안하고 가벼워야 한다. 물론 대화 파트너가 실제로 이야기를 계속하고 싶어 한다면 오케이다. 당신이 그만하고 싶다면, 7번의 조언을 따르라.
10. 마지막으로, 너무 많이 기대하지 말라. 모든 새로운 만남이 평생 이어지는 우정으로 발전해야 하는 건 아니다. 깊은 우정으로 발전하지 않는다고 만남이 시간 낭비인 것도 아니다. 오히려 그 반대다. 모든 대화는 그 자체로 새롭고 소중한 경험이다.

실수에 대처하는 우리의 자세

실수는 피할 수 없다. 살다 보면 그런 일이 일어난다. 상황에 맞지 않는 말이나 상대의 프라이버시를 침해하는 말을 할 때도 있고, 포도주 잔을 엎을 때도 있다. 혀를 깨물고 싶은 말실수를 할 때도 있다.

잘못한 일이 있을 때 창피한 나머지 난리를 피우면 상황은 더 악화된다. 계속해서 연달아 사과하고, 뭔가 만회해보겠다고 야단법석을 떨어서는 안 된다. 쥐구멍에라도 들어가 버리고 싶은 상황에 처했을 때 더 눈에 띄고 과장된 행동을 보여 모든 걸 망쳐놓고 이목을 끄는 건 어리석은 일이다. 그것은 "모두 보세요. 내가 애먼 짓을 했어요. 이제 어떻게 해야 할지 모르겠어요. 마구 짓밟아주세요. 나는 그럴 만한 인간이니까요!"라고 외치는 것과 같다.

부끄러운 실수를 저질렀을 때 어떻게 대처해야 할까? 더 이상 바꿀 수 없는 것에 온갖 신경과 에너지를 써야 할까? 그렇지 않다! 가장 좋은 건 사과하고(진심 어린 사과 한 번이면 족하다) 미소 짓는 것이다. 크게 난리 법석을 피우지 않는 것이다. 애니메이션 「마다가스카의 펭귄」에 나오는 펭귄의 말처럼 미소 짓고 윙크하라.

금방 잊히는 작은 실수뿐 아니라, 정말 가슴 아프고 다른 사람에게 상처를 준 큰일도 마찬가지다. 모든 것은 지나간다. 자신을 벌주는 것은 도움이 되지 않는다. 살다 보면 잘못을 범할 수도 있다.

여자는 이런 일에 계속 머리를 싸매는 경향이 있다. 때로 나는 '아, 아무래도 좋아', '될 대로 되라지' 같은 남자들의 사고방식이 부럽다. 남자들은 뭔가 창피한 일이 일어났을 때 동네방네 떠들고 다니며 안절부절하지 않는다. 온갖 친구에게 전화해서 아쉬운 소리를 하지 않는다. 남자들은 스스로를 수세에 몰거나 굴복하는 것을 약함의 표시이자 품위를 구기는 일이라고 생각한다. 실수했다는 이유로 다른 사람들에게 나를 짓밟아도 된다고 허락하는 건 절대 옳지 않다. 자신의 실수를 고백하고 바로잡는 건 옳은 일이다. 하지만 모두에게 좋은 소리를 듣기 위해 자신을 희생하고, 원칙들을 다 던져버리는 건 정말 궁상맞은 일이다. 비굴해지면 존중받지 못한다. 잘못하고 실수를 저질렀을 때에도 내가 내 편이 되어주자 나는 사람들에게 더 많이 존중받을 수 있었다. 이 사실을 깨달으면 마음이 훨씬 가벼워질 것이다!

부정적인 긴장을 긍정적인 긴장으로

특정 상황에서 전혀 긴장하지 않기는 힘들 것이다. 하지만 연습하고, 소소한 방법들을 동원하면 훨씬 더 좋아질 수 있다. 미팅 바로 전에 솟아나는 긴장감은 이제 내게 긍정적인 것으로 다가온다.

긴장을 긍정적으로 생각하게 되었다니 의아한가? 그렇다. 나는 긴장에도 좋은 면이 있음을 발견했다. 적절한 긴장감으로 인해 더 철저히 준비한 상태로 새로운 일에 도전할 수 있기 때문이다.

아드레날린이 분비되면 집중력을 100퍼센트 발휘할 수 있다. 이렇게 몰입하면 대화 파트너나 고객도 만족스러워한다. 미팅 시간에 15분 늦게 나타나 태평한 표정으로 의자에 털썩 앉아서는 제대로 준비된 자료도 없이 알맹이 없는 말을 늘어놓는 파트너를 누가 좋아하겠는가. 다른 사람의 시간을 그렇게 함부로 다루어서는 안 된다. 하지만 이런 자세로 회의에 들어가는 사람이 적지 않다. 이처럼 무신경한 태도는 부러워할 만한 것이 아니다. 특히나 비즈니스 관계에서는 적절히 긴장해야 생산적이 될 수 있다.

내 경우 미리 잘 준비하고, 거울 앞에서 큰 소리로 수없이 연습해보는 것이 무대공포증을 극복하는 유일한 해결책이었다. 자기 집 거울 앞에서 연습하기가 창피하고 힘들다면 대중 앞에서 발표하기는 얼마나 더 힘들겠는가? 연습이 중요하다. 더 자주 연습할수록, 더 좋아진다.

연습하다 보면 시간이 흐르면서 그 상황에 더 익숙해지고 익숙해진 만큼 자신감이 생겨나 일이 계획대로 돌아가지 않더라도 기죽지 않고 다른 사람들의 의견에 크게 휘둘리지 않게 된다.

당신은 이의를 제기할지도 모른다. "좋네요, 멜리나. 하지만 나는 그렇게 쿨하지 못해요. 난 다른 사람들이 무슨 생각을 하는지가 중요해요. 그걸 절대 무시하지 못해요." 다른 사람들의 생각을 무시해버리라는 이야기가 아니다. 다만 다른 사람들과 갈등을 빚지 않기 위해 무조건 맞춰주다가 기회와 가능성을 포기해서는 안 된다는 이야기다.

몇 년 전에 일어났던 일을 이야기해보겠다. 이 이야기를 들으면 내가 그동안 다른 사람들의 의견에 무조건 따르기보다는 위험을 감수하고 내 의견과 견주어 조율하게 된 이유가 이해될 것이다.

내가 스무 살 때 우리 가족과 친하게 지냈던 친구가 세상을 떠났다. 어느 아름다운 여름날 우리가 좋아하던 호수에서 수영을 하다가 익사했다. 겨우 스물다섯 살의 나이였다. 우리 언니는 심지어 그 자리에 함께 있었다. 정말 충격적이었다. 우리는 모두 마비된 기분이었고 정신을 차리지 못했다. 그럼 경험은 잊기 힘든 법이라 우리의 의식 깊숙이 새겨진다. 우리 모두 한순간에 사라질 수 있다는 걸 의식하게 된다. 젊다고 지금처럼 계속 살 수 있으리라는 법은 없다. 이런 사실을 고려하면 만나는 모든 사람에게 잘 보일 필요가 없다는 것, 실수도 할 수 있다는 것에 한 표를 던질 수 있다. 앞서 살펴보았듯이 대부분의 가정과 생각은 우리 머릿속에서 비롯되지, 다른 사람에게서 연유하는 것이 아니다.

그러므로 다른 사람들이 당신을 어떻게 생각하는지에 너무 집착하지 말고, 주어진 시간에 충실하라.

: 긴장과 무대공포증을 줄여줄 몇 가지 비결 :

낯선 사람들과 대화해야 할 때, 긴장되거나 새로운 상황에 적응해야 할 때 내게 안정감을 주는 작은 닻이 몇 개 있다. 우선 편안한 옷을 들 수 있다. 긴장되는 자리에는 새 옷을 입고 가지 말라! 제2의 피부처럼 느껴지는 옷이 좋다. 옷이 끼거나 불편하면 그렇지 않아도 부담스러운 자리가 더 부담스러워질 수 있기 때문이다. 그 밖에도 늘 가지고 다니는 몇몇 소지품이 낯선 환경을 더 편안하게 느끼도록 돕는다. 나는 줄곧 마음을 편안하게 해주는 '닻'을 사용하면서도 내가 그렇게 하고 있다는 걸 의식하지 못했다. 안정감을 느끼려면 그런 닻을 사용하는 것이 좋다는 말을 누군가에게 듣고서야 나도 평소에 이런 방법을 애용해왔음을 깨달았다.

늘 안정감을 주는 나의 닻들

» **스카프나 숄:** 여름이건 겨울이건 간에, 숄을 애용하면 따뜻하고 안정감을 느낄 수 있다. 포근한 고치 안에 들어와 있는 것처럼 말이다. 나는 긴장하면 목에 붉은 반점이 생기곤 하는데 스카프나 숄은 이것을 가려주는 효과도 있다.

» **핸드크림:** 내가 후각이 예민하다는 건 이미 이야기했다. 그래서 나는 미

니 튜브에 담긴 핸드크림을 핸드백마다 넣어둔다. 내가 좋아하는 향은 기분을 '업'시켜준다. 음, 물론 마음을 편하게 해준다는 말이다.

» **좋아하는 음악:** 사람이 많은 장소에 가는 중에 긴장이 몰려오면 특정 트랙을 계속 돌려 듣는다. 가령 필립 글래스의 <오프닝Opening>이나 루도비코 에이나우디의 <디베니레Divenire>를 듣는다. 노이즈 캔슬링 이어폰을 사용하면 비행에 대한 공포도 억누를 수 있다.

» **차:** 어려운 일을 앞둔 자리에서 좋은 페퍼민트 차나 캐모마일 차를 마실 수 있다면 나는 꼭 이런 차를 선택한다. 나는 불안하거나 긴장하면 몸이 빠르게 차가워지는데 따뜻한 허브차를 손에 쥐고 조금씩 마시면 몸에 온기가 돌며 마음이 안정된다.

각자 마음을 안정시키고, 평온하게 해주는 물건이나 리추얼(나만의 의식 같은 것-옮긴이)이 있을 것이다. 수줍은 순간에 자신감을 불어넣어 주는 것이 무엇인지 생각해보고, 직접 테스트해보라!

가장 힘들었던 상황을 떠올려요

매장 매니저로서 첫 출근 하는 날, 여자 열 명, 남자 한 명이 근무하는 곳으로 가야 했어요. 다양하게 어우러진 그룹이었죠. 사람들 사이에서 근무하는 게 새로운 일은 아니었지만, 첫 출근길에 긴장한 나머지 손에 땀이 차고 속이 안 좋았어요. 게다가 불안할 때면 늘 그렇듯 목에 붉은 얼룩이 올라왔어요. 나는 머리를 올백으로 넘기고(이런 헤어스타일은 자신감을 고취시켜줘요) 숄을 가져갔어요. 덥지만 목을 좀 가려야 했거든요. 머리를 맑게 하려고 민트오일을 챙겨가 틈틈이 향기를 맡았어요. 숄과 민트오일이 위급한 상황에서 나를 도와주는 닻이에요.

출근하기 전에 몇 주 시간이 있어서 준비도 잘했어요. 모든 만일의 경우에 '대비했죠'. 새로운 일도 아니었으니까요. 흠, 그런데 정작 출근날이 되자 어떻게 되었겠어요? '자, 드디어 올 것이 왔다. 당당히 눈앞의 목표를 직시하자!'는 다짐은 어디로 가버렸을까요? 기분이 엉망이었고 식은땀이 났어요. 불안이 나를 사로잡았고, 그냥 돌아서서 집으로 가버리고만 싶었죠!

새로운 직원들의 시선이 화살처럼 내게 꽂혔어요. 가식적으로 친절하게 맞아주는 태도에 목이 콱 막혀왔죠. 나는 오늘부터 매니

저로서 싫은 소리도 해가며 그들을 끌고 나가야 하는데……. 직원들의 얼굴을 보니 내가 여기서 그 일을 잘할 수 있을까 의심이 들었어요. 느껴지는 건 강한 거부감뿐! 목을 가리려고 숄을 둘러서 덥고 기분이 안 좋았는데 그래도 업무는 잘 해냈어요. 하지만 불안과 회의감이 떠나지 않았지요.

이유가 무엇이었을까요? 나는 거절당하고 실패할까 봐 두려웠어요. 제대로 성과를 내지 못할까 봐 불안했죠. 자신감이 없다 보니 수줍은 태도가 나오기 일쑤였고요. 자신을 믿지 못하고 잘 해내지 못할 것 같아서 늘 회의가 들었어요.

그 이후로 나는 계속해서 이때를 떠올리며 의식적으로 가장 힘들었던 상황을 상정해요. 그러면 '어찌 됐든 시작하기만 하면 그 뒤에는 어떻게든 굴러가더라'는 심정이 되고, 불안을 줄일 수 있어요. "최악의 상황을 상정하라." 그러면 '이 일쯤은 해낼 수 있겠구나' 하는 자신감이 생겨서 더 당당하게 일할 수 있어요.

잔드라의 경험담

/// 나에게 딱 맞는 소통법을 찾고 싶다면, 인터넷 활용하기

밖에서 친구를 만나도 스마트폰을 붙잡고 각자 따로 논다는 우스갯소리가 나오는 시대다. 그렇다면 수줍은 사람들이 안전지대를 확장하는 데 인터넷이 도움을 줄 수 있을까? 인간의 의사소통 기술이 인터넷과 소셜 미디어로 인해 슬슬 퇴화하고 있다고들 한다. 그렇다. 인터넷이 등장한 지는 꽤 되었지만, 사용하는 강도는 몇 년 사이에 급속히 증가했다. 내가 초등학생이었을 땐 인터넷 포럼(토론을 열어서 UCC를 올리는 웹 애플리케이션-옮긴이)도 거의 없었고, 위키피디아는 구멍이 숭숭 뚫린 치즈 같은 형편이었다. 당시 나는 윈도우 95의 MS 그림판을 가지고 놀며 텔레콤 모뎀의 연결음 소리에 설렘을 느꼈다.

우리 세대는 '관계 불능 세대'라 불린다. 우리가 감정보다 스마트폰을 더 잘 다루기 때문이다. 우리 세대에서는 면 대 면 소통보다 인터넷 소통의 비중이 더 높다. 그러다 보니 데이터 무제한 핸드폰을 사용하며, 실제 대화하기보다 와츠앱으로 메시지를 보내는 편을 선호한다. 솔직히 그게 더 편하지 않은가! 우리에게 '친구들'이란, 페이스북 계정에 연결된 잘 모르는 사람 700명을 말한다. 소셜 미디어는 우리의 삶을 지배하고, 우리는 모두 그 안에서 자기 PR을 열심히 한다. 그러는 동안에 고용주는 영리하게도 우리를 채용하기 전에 기본적으로 개인 프로필을 체크한다. 그나저나 예전 동급생이 벌써 자녀를 낳았는지 궁금하면 그냥 쉽게 페이스북이나 인스타그램 또는 구글에 들어가 보면 된다. 굳이 뭔가를 알기 위해 실례를 무릅쓰고 누군가에게 물어보지 않아도 된다. 구글에만 실례를 범하면 된다. 누군가를 골탕 먹이고 싶다면 월드와이드웹에 살짝 글을 묻어놓자. 월드와이드웹은 결코 잊는 법이 없기에 언젠가 누군가에 의해 발견될 것이다. 그렇다면 수줍은 사람들은 이런 요소들 때문에 인터넷상에서 몸을 더 사리게 되는 것은 아닐까?

수줍은 이들의 새로운 안전지대

하지만 늘 통하는 상식이 여기에도 적용된다. 과한 것은 독이 되지만, 과하지 않으면 괜찮다. 나는 인터넷과 소셜 미디어 덕을 상당히 많이 본 축에 속한다. 가령 남편과도 그렇게 연결되었다. 정말이다. 이야기인즉슨 이렇다.

양가 부모님끼리 아는 사이였기에 남편과 나는 서로의 존재를 알고 있었다. 집도 그리 멀지 않았다. 그럼에도 우리는 서로에게 한 번도 관심을 가져본 적이 없었다. 그도 그럴 것이 나이가 일곱 살이나 차이 나는 데다, 열일곱 살이었던 당시에 내 감정 상태는 완전히 최악을 달리고 있었기 때문이다. 그 외에도 우리 둘은 서로에게 도도하고, 콧대가 높다는 편견을 가지고 있었다. 그러던 중 내 친구 한 명이 그와 친해졌고, 그 둘은 꽤나 말이 잘 통하는 사이가 되었다. 친구가 간혹 그를 만나러 갈 때 나를 데려가곤 했다. 하지만 그때에도 우리 사이에는 무관심 내지 반감의 기운이 흘렀다.

어느 날 그가 내게 ICQ 메시지를 보냈다. 지금으로 말하면 문자나 와츠앱 같은 것 말이다. 그 당시 우리 할머니가 돌아가셨는데 그는 나에게 그에 관해 물어보았다. 그리고 여기서 중요한 점은 글로는 내가 전혀 수줍어하지 않고 말을 잘할 수 있었다는 것이다. 이를 계기로 남편과 나는 흥미로운 대화를 이어갔고, 서로 말이 잘 통한다는 사실을 알게 되었다.

그러므로 인터넷은 우리처럼 수줍은 사람들에게 도움이 될 수 있다. 인터넷은 다른 사람에게 부담 없이 한 발짝 다가갈 수 있게 해준다. 내게 인터넷은 안전지대를 넓혀주는 좋은 수단이다. 이곳에서 나는 나 자신을 드러내고 내 감정들을 전달하기 시작했다. 상대방은 나를 볼 수 없고 나도 상대방을 볼 수 없으니 시작하는 데는 최적의 조건이다. 얼굴이 붉어질 필요도, 가슴이 두방망이질할 필요도 없다. 거르지 않은 진심만 말하면 되고, 언제든지 대화를 끝낼 수도 있다.

하지만 인터넷은 결코 지속적인 해결책이나 출구가 되지 못한다. '바깥'이 어렵다고 하여 계속 온라인 세계로만 숨어드는 건 추천할 만한 방법이 아니다. 삶을 제대로 살아내려면 온라인 세계에만 있어서는 안 된다. 아무도 삶의 책임을 면제해주지 못한다. 하지만 자신의 목소리를 바깥으로 전달하는 데 인터넷은 좋은 첫걸음이 되어줄 수 있다.

/// 낯선 사람에게 말 걸기 어렵다면, **단계별 접근법 훈련하기**

남편과 사귀기 시작한 이후 나는 생각을 글로 표현하며 누군가와 처음 접촉하는 방법을 십분 개발하고 활용해왔다. '초보' 단계 중 하나는 어느 블로그에 들어가 댓글을 남기는 것이다. 너무 쉽지 않느냐고? 전에 내게는 전혀 그렇지 않았다. 나는 좋아하는 블로그에 들어가 늘 몰래 글을 읽었고, 댓글 같은 건 차마 남기지 못했다. 해당 주제에 관해 하고 싶은 말이 있어도 결코 대화에 참여하지 못했다.

레벨 1: 인터넷에서 의견을 표명하기

인터넷 포럼이나 블로그에 댓글을 달면서 내 의견을 표명할 수 있다. 익명이 보장되는 인터넷보다 자신의 목소리를 내기 좋은 곳이 어디에 있겠는가? 처음에 나는 가명으로 댓글을 달았다. 혹시나 아는 사람이 내 댓글을 알아볼까 봐 혹은 내가 인터넷상에서 이리저리 '배회하는 것'을 알아챌까 봐 겁이 났다. 하지만 내가 패션 블로그 XY 혹은 유튜브 채널 Z에 뭘 포스팅하는지 과연 누가 관심이나 있겠는가? 옆에 풀네임, 핸드폰 번호, 생년월일, 주민번호 같은 게 실려 있지 않는 이상 말이다.

그렇다면 어떤 내용의 댓글을 쓸까? '좋은 글에 대한 감사인사' 같은 걸 남기는 것으로 충분하다. 나는 수많은 블로그에 들어가 보았기 때문에 잘 안다. 글쓴이가 에너지와 시간을 들여 작성한 글에 감사인사를 남기지 못할 이유가 뭐란 말인가?

직접 블로그에 댓글을 다는 대신 나는 이메일로 그 글이 얼마나 일상에 도움이 되었는지, 블로그의 어떤 점이 내 마음에 드는지를 이야기하기도 한다. 무슨 이야기를 하고 싶은지 오랫동안 생각해왔으므로, 이런 식으로 내 소감을 표현하는 것은 상대적으로 쉽다.

블로그에 들어가는 걸 즐겨 하지 않는다면 좋아하는 잡지의 편집부에 편지를 쓰거나 단골 사이트에 몇 마디 인사를 남길 수 있다. 피드백은 받는 사람에게 기쁨을 준다. 피드백을 남길 때마다 나는 그것을 느꼈다. 몇 마디 말이 다른 사람들을 온종일 기분 좋게 할 수 있다는 것을.

내가 블로그를 운영하다 보니, 다른 사람들이 블로그에 올린 내 글이 어떻게 자신에게 와닿았는지를 이야기해주면 너무나 좋다. 블로거는 자기 자신을 위해 블로그를 운영하는 것이 아니기 때문이다. 자신만을 위한다면 그냥 일기장에 끄적이지 뭣 하러 블로그에 포스팅을 하겠는가.

블로거는 다른 사람과 연결되고자 한다. 블로그는 댓글 대화와 블로그 독자들의 피드백을 토대로 유지된다. 블로그에 피드백하는 것으로 한 번에 두 마리 토끼를 잡을 수 있다. 한 사람(블로거)을 완전히 기쁘게 해줄 수 있는 동시에 자신의 안전지대를 확장하는 아주 좋은 방법이다.

레벨 2: 이메일이나 전화로 접촉하기

직장을 그만두고 남편과 함께 일하기로 하면서, 이제는 한 걸음 더 나아가야 했다. 나는 함께 의견을 나누고, 내 일에 긍정적인 피드백을 해주는 사람이 필요했다.

이런 경우 사람들은 보통 콘퍼런스에 참여해서 명함을 돌릴 것이다. 하지만 나는 그렇게 하지 않았다. 아, 물론 콘퍼런스에는 갔다. 다만 나는 콘퍼런스 발표자들의 링크트인이나 블로그에 글을 남겼을 뿐이다. 심지어 나는 이 방법이 더 낫다고 생각한다! 박람회 같은 데서 만나 인사한 많은 사람을 무슨 수로 다 기억한단 말인가. 오히려 추후 온라인을 통해 네트워크를 맺는 것이 더 영리한 방법일 수 있다. 그럴 때는 좀 더 여유롭게 교류할 수 있기 때문이다. "안녕하세요. 아무개 씨. 세빗에서 하신 강의, 아주 잘 들었습니다. 특히 XY에 대해 말씀해주신 내용이 확 와닿더라고요. 그와 관련하여 다음에 궁금한 것이 있으면 여쭤보고 싶은데요." 이런 식으로 말이다. 그 뒤에 다시 한 번 문의하거나, 조금 더 깊게 이야기하고 싶다면 전화 약속을 잡으면 된다. 콘퍼런스는 공동의 대화 소재를 건지기 위한 좋은 디딤돌로 작용할 수 있다. 자, 그러므로 수줍은 사람도 낯선 사람과 그리 어렵지 않게 연결될 수 있다. 인터넷을 위하여 축배를!

레벨 3: 개인적인 대화를 모색하기

레벨 3은 강연이 끝난 직후 연사에게 개인적으로 감사인사를 하는 방식으로 진짜 대화를 시작하는 것이다. 하지만 이 경우에도 추후 이메일이나 다른 수단을 이용해 연락을 이어나가야 한다. 따라서 순서만 다를 뿐, 레벨 2와 비슷하게 진행된다.

내 블로그 바닐라 마인드는 인터넷을 통해 소심함을 어떻게 극복할 수 있는지를 보여주는 예 중 하나다. 2014년 말 나는 글

하나를 포스팅하면서 블로그를 시작했다. 독일어권의 여성들과 함께 소심하고 걱정 많은 사람들이 어떻게 일상을 잘 헤쳐나갈 수 있을지 알아가고자 했다. 그간 내가 배운 것들을 나누고 싶었고 감정, 직업적 경험, 스스로 의욕을 고취시키는 방법을 공유하고자 했다. 용기를 내어 나 자신의 감정을 모두가 볼 수 있도록 인터넷에 올렸고 독자들에게 격려의 피드백을 많이 받았다.

그렇게 하기까지 쉽지 않았다. 앞에서도 말했지만 인터넷에 올린 정보는 사라지지 않기에 나중에 후회하지 않을까 겁이 났다. 하지만 내가 이 책을 쓰게 된 것도 결국 인터넷 덕분이다. 편집자가 우연히 내 블로그에 들어왔던 것이다. 모든 기회를 활용하라! 조금씩 앞으로 나아가고 있다는 것이 중요하다.

나는 얼마 전까지 의도적으로 전화를 회피하고 주로 이메일로만 의사소통을 했다. 내 생각을 글로 정리하는 것이 더 좋았다. 그러면 어색한 대화 상대와 굳이 껄끄럽게 전화하지 않아도 되니까 말이다. 하지만 이제 나는 전화하거나, 스카이프로 화상회의를 하거나, 보이스 메시지를 보내는 것에 익숙해졌다. 이렇게 말로 의사소통할 때 오해가 덜 생긴다. 또한 실제로 사람을 만나고, 목소리를 듣다 보면 서로 더 친해질 수 있다.

성장하고자 한다면 그렇게 조금씩 조금씩 스스로를 '푸시'해 나가야 한다.

"기존에 해오던 것만 반복하면 답보 상태에 머물 수밖에 없다."

헨리 포드

이런 것들은 첫걸음을 떼기에 좋은 방법이다. 늘 호기심을 유지하고 더 많은 방법을 시험해보는 것이 중요하다.

4장

자신감을 끌어올리는 환경은 따로 있다

스스로를 소중히 여기고 자신의 내면을 가다듬는 법을 배우는 것은 내게 꼭 필요한 과정이었다. 지금은 내 모습 그대로 존재하는 것이 훨씬 더 기분 좋게 느껴진다. 나의 가치와 강점을 더 잘 알게 되었기 때문이다. 그리하여 많은 사람과 함께 있을 때에도 반사적으로 숨어버리거나 투명 인간처럼 행동하지 않는다. 그렇다고 사람들 사이에 있는 것이 자연스럽고 편한 것은 아니다. 하지만 이제 나는 이럴 때 어떤 기분으로 어떻게 행동할지 조절할 수 있다.

나 자신을 더 많이 인정하는 쪽으로 마인드셋을 전환하는 것 외에도 우리의 수줍음 방정식을 풀 수 있는 또 다른 방법이 있다. 바로 새로운 마인드셋을 든든하게 해주는 외적인 조건을 만드는 것이다. 자신을 성찰하고 자신의 감정을 의식하는 것만으로는 약간 부족하다. 외적인 조건이 새로운 마인드셋과 더불어 목표 도달의 열쇠가 되어줄 수 있다.

'마인드셋'은 어디로 갈 것인지 코스를 정하는 것이다. 따라서 방향이 섰다면 이제 외적 조건을 추진 로켓으로 활용하여 날아올라야 한다. 운동, 균형 잡힌 영양, 주변 환경 조절, 에너지를 공급하는 모닝 루틴 등이 추진 로켓으로 작용할 수 있다. 운동이나 영양 등이 중요하다는 말은 익히 들어보았을 것이다. 운동과 생활습관을 적절히 결합함으로써 여러 심리적인 문제에서 늘 효과를 볼 수 있다. 수줍음 문제도 마찬가지다. 단번에 수줍음을 없애주는 알약 같은 것은 없다. 아니, 그건 당신 스스로 마련해야 한다. 나는 여러 해 동안 다양한 방법을 시험해보았고 이제 무엇이 효과를 발휘하는지 말할 수 있게 되었다. 그러니 이번 장을 기대하시라. 당신을 더 용기 있고 강하게 만드는 작은 추진 로켓과 조언으로 가득하기 때문이다.

/// 습관이 우리를 두려움에서 자유롭게 할지어다

최근 몇 년간 습관과 관련된 책과 글을 많이 읽어왔기에 이것은 거의 나의 십팔번 주제가 되었다. 습관이 중요한 이유는 새로운 습관을 들이는 것만큼 행동방식을 바꿀 더 좋은 수단이 없어서다. 습관은 큰 계획을 이룰 수 있도록 우리를 준비시키는 지렛대로 작용한다.

수줍음을 극복하려면 뭔가 어려운 일을 해야 할 것 같은가? 이를테면 몇 달에 한 번씩 얼음물에 뛰어들기라도 해야 할까? 그렇지 않다. 얼음물에 들어가는 것은 고통스러운 경험일 따름이다. 게다가 아무런 변화도 가져오지 않는다! "다시는 안 들어가!"라고 결심하고는 어느 순간 포기해버리는 것 외에는 말이다. 얼음물에 들어가지 않는다고 아무도 뭐라 하지 않는다.

나는 수줍음에 대해 사람들이 이렇게 해라, 저렇게 해라 조언하는 소리를 들을 때마다 얼마나 거부감이 드는지 잘 안다. 물론 그들은 호의에서 하는 말이다. "마음을 다잡고, 그냥 당당히 해봐! 뭘 그리 어렵다고 그래. 눈을 똑바로 쳐다봐." 때로는 그 말대로 해보려 하지만, 그런 잔소리는 공연히 스트레스만 더할 뿐이다.

하지만 자신의 마음을 더 세심하게 챙기며, 기분 좋게 하루를 보내는 작지만 알찬 습관을 들이면 수줍은 순간에 두려움을 다스리기도 쉬워진다. 운동하는 습관을 들일 수도 있고, 아침에 호흡 연습이나 체조, 스트레칭을 하는 습관을 들일 수도 있다. 편안한 티타임을 갖는 습관을 들일 수도 있고, 그 외 선택지는 많다. 많은 사람이 작은 습관의 힘을 경시한다! 나 역시 작은 습관이 생각의 변화를 가져온다는 사실을 감지하고 나서야 습관의 힘을 이해하게 되었다.

의지력으로는 못 하지만 습관으로는 할 수 있는 일

운동을 예로 들어보자. 출판사에 다닐 때 나는 운동을 내 일상에 편입시키기가 굉장히 힘들었다. 건강한 신체가 수줍음을 극복하는 데 얼마나 중요한지 당신은 아직 잘 모를 것이다. 이 주제에 대해서는 뒤에서 별도로 다룰 것이다. 운동이 내게 새로운 자신감을 불어넣어 주었기 때문이다. 내가 운동을 하기로 결심한 뒤, 처음에는 모든 것이 순조로웠다. 나는 이렇게 나 자신을 격려했다. "자, 시작하자. 이번에는 모든 게 달라질 거야. 이번만큼은 밀고 나가자!" 그러고 나서 어떻게 되었을까? 조금 하다가 중단하고 말았다. 계속 일이 끼어들었고, 핑계를 찾기 시작했다. 나는 운동하기가 싫었다. 몇 주 뒤 모든 것은 예전으로 돌아갔고, 멋진 운동 계획은 깡그리 잊히고 말았다. 그 뒤에 나는 기운이 빠졌고, 전보다 더 풀이 죽었다. "다들 하는데 왜 나는 못 하는 거지? 난 결코 해내지 못할 거야."

운동을 일상의 루틴으로 만들기까지 몇 번이나 이런 시행착오를 거쳐야 했다. 좋은 아이디어와 즉흥적인 착상들은 2주쯤 지나면 다시 잊히곤 했다. 당신도 이런 문제를 모르지 않을 것이라 생각한다. 운동뿐 아니라 거의 모든 일이 마찬가지다. "살을 빼고 싶어. 달콤한 걸 좀 덜 먹어야 할 텐데." 하지만 꾸준히 실천하기가 왜 그리도 어려운 것일까?

머릿속에 혹시 어릴 적 들은 부모님의 목소리가 울리고 있진 않은가? "얘야, 열심히 해봐! 노력하기만 하면 돼" 이렇게 말이다. 하지만 의지력이나 노력만 가지고 결과를 내려 하는 것은 장기적으로 별 승산이 없다. 나는 이미 너무나 많은 실패를 경험했다. 의지력만 믿어선 안 된다. 의지력은 혈당치와 밀접한 관계가 있다.[15]

혈당치가 너무 내려가면 제대로 사고하지 못하고 나쁜 선택을 하게 된다. 고픈 배를 부여잡고 장을 보러 가보면 내 말이 무슨 뜻인지 잘 알 것이다. 달콤한 것이 마구 당기고, 의도치 않게 초콜릿이 장바구니에 들어와 있지 않은가? 어느 정도 글루코스가 있어야 뇌가 제대로 돌아가고 자제력을 발휘할 수 있다. 그렇다고 글루코스를 얻기 위해 달콤한 것을 '엄청' 먹어줘야 한다는 말은 아니다. 혈당치를 안정적으로 유지하려면 되도록 균형 잡힌 식사를 해야 한다. 그렇지 않고 달콤한 것을 많이 먹으면 신체는 혈당치를 다시 정상 수준으로 되돌리기 위해 인슐린을 많이 분비한다.

이런 일이 반복되면 어떻게 되는지 잘 알 것이다. 혈당치가 내려가고, 갑자기 무지막지한 배고픔이 몰려와 다시 달콤한 것이 당긴다. 달콤한 음식을 먹지 않겠다는 굳은 결심은 금방 무너진다. 따라서 의지력과 배고픔은 결코 합치될 수 없다. 무엇보다 이런 경우에 에너지와 추진력은 거의 0으로 떨어진다.

이렇듯 의지력은 까칠한 디바와 같다. 내키는 대로 오고 가며, 때로는 유니콘처럼 찾으려야 찾을 수가 없다. 그러므로 의지력을 믿지 말고 시스템을 만들어 목표로 나아가는 것이 좋다. 의욕이 있든 없든, 의지가 있든 없든, 자연스럽게 목표로 나아갈 수 있도록 말이다.

최고의 운동선수들도 때로는 훈련하고 싶다는 의욕을 내지 못한다. 당연한 일이다. 하지만 그렇다고 그들이 "아, 하기 싫어. 오늘은 그냥 누워서 빈둥거릴래"라고 말할까? 그러지 않을 것이다! 그러면 그들은 왜 의욕이 없는데도 훈련을 할까? 훈련이 양치질이나 점심 식사처럼 하나의 루틴으로 자리 잡았기 때문이다.

행동을 루틴으로 만들면 크게 의지력을 발동하지 않아도 그냥 저절로 하게 된다. 습관이 된 행동을 할 때 뇌는 무얼, 어떻게 할지를 묻지 않는다. 그냥 자동적으로 실행한다. 이런 자동화가 바로 새로운 문을 열어젖히는 열쇠이다. 하루하루 루틴을 실행하며 자연스레 리듬을 타는 것이 중요하다. 그러니 팔을 걷어붙이고 가능하면 '효율적'이 되어야 한다는 생각을 버려라. 효율성을 극대화하려 하면 자칫 과부하가 걸려 작심삼일이 되기 쉽다. 욕심을 부리면 오히려 흐지부지된다. 의지력은 기껏해야 2-3주면 바닥나버리는 수가 많기 때문이다.

쉽고 단순한 한 걸음부터

기준을 너무 높이 설정하면 제대로 시작해보기도 전에 지레 포기하기 쉽다. 나도 이런 우를 두세 번 범한 듯하다. 처음 조깅을 나가면서 나는 이렇게 결심했다. "멜리나 멋졌어. 이제 일주일에 최소한 다섯 번은 조깅을 하도록 하자. 주말에는 좀 쉬고 말이야!" 나는 그렇게 무리하다가 결국 정강이뼈에 문제가 생겨 빠르게 의욕을 상실하고 말았다. 처음부터 너무 욕심을 부린 탓에 조깅은 스트레스를 해소하는 즐거운 수단이 아니라 고문이 되어버리고 말았고, 달린다는 생각만 해도 스트레스가 몰려왔다.

따라서 작은 걸음으로 나아가야 한다. 스탠퍼드대학교에서 이 주제로 강의하는 B. J. 포그Fogg는 이 모델을 '아주 작은 습관Tiny Habit'이라 부른다.[16] 이 모델의 장점은 장기적으로 눈에 보이는 행동 변화를 꾀할 수 있다는 점이다. 중요한 건 일단 새로운 습관을 들이는 것이다. 작은 걸음으로 한 발 한 발 나아가는 것이 안정감을 주고 계속할 의욕을 불러일으킨다. 한 발짝씩 저금하듯 디뎌가다 보면 커다란 변화와 습관으로 나아갈 수 있다. 가끔씩 뒷걸음도 치겠지만, 그럴 때면 지금까지 이루어놓은 작은 성공들을 눈에 그려본다.

연습한 만큼 대가를 얻는다는 말은 여기서도 통한다. 연습하면 할수록 힘들이지 않고 새로운 습관을 만들 수 있다. 가능하면 강도 높은 연습을 하라는 말이 아니다. 매일, 같은 시간에, 같은 과정을 반복하면 된다. 과정이 단순할수록 습관은 더 빠르게 잠재의식 속으로 이동한다. 가령 아무것도 하기 싫은 날에는 팔굽혀펴기 한 번으로 "연습 종료"를 선언하기로 자기 자신과 합의했다면, 뇌가 이런 습관을 유지하도록 하는 건 어렵지 않다.

장기적이고 심도 있는 변화는 이런 식으로만 가능하다. 뇌를 '재프로그래밍'하려면 결정이 의지력에 좌우되도록 만들어서는 안 된다. 런던대학교의 학자들은 굳어진 습관을 새로운 습관으로 대치하려면 평균 66일[17]이 필요하다고 말한다. 보통 3주 정도면 습관을 들일 수 있다고 하지만, 바꾸기 어려운 행동을 변화시키는 데 3주면 되는 것 같지는 않다. 뇌가 시냅스를 새로 연결하려면 일정 시간이 필요하다. 그러니 고수하고 지속하라. 그러면 더 쉬워진다.

/// 하루의 성패를 결정하는 시간, 아침

그렇다면 어떻게 좋은 습관을 굳히고, 자동적으로 변화가 이루어지도록 할 수 있을까? 내 경우는 무엇보다 스마트폰 앱 '코치 미Coach.me'가 도움이 되었다. 이 앱은 B. J. 포그의 '아주 작은 습관' 개념을 기초로 만들어진 것으로 매일매일 목표를 상기시켜준다. 중요한 것은 자신의 변화를 눈으로 확인할 수 있어 의욕을 잃지 않는다는 것이다. 얼마나 많은 날, 자신이 목표를 이루었는지를 눈으로 확인하면 현재의 기분에 그리 좌우되지 않을 수 있다. 지금 이 순간에는 잘 안 된다는 느낌이 들더라도 말이다.

이런 앱이 목표를 이루는 데 얼마나 큰 도움을 주는지를 최근에 다시 한 번 깨달았다. 알코올중독을 앓던 여성이 '코치 미' 앱 덕분에 500일 이상 금주할 수 있었다는 이야기를 들으니 감동이 밀려왔다. 알코올중독 같은 심각한 문제는 정말로 한 사람의 인생을 망칠 수 있는데 말이다!

종이를 좋아하는 아날로그적 인간들은 예쁜 수첩을 마련해서 그곳에 변화를 기록하면 좋을 것이다. 목표를 조망하고 변화를 측정하기 위해 특히 불렛저널(사용법은 유튜브를 비롯, 인터넷에 많이 돌아다닌다)이나 라이프코칭에 중점을 둔 다이어리 같은 것을 이용하면 좋다. 중요한 것은 어떤 방법을 활용하든 목표를 눈에 보이게 확인하고 변화를 측정하는 것이다. 나는 또한 어떤 습관을 들일 것인지 나 자신과 계약을 맺고 남편 앞에서 서명까지 했다. 목표에 도달하지 못할 경우, 대가를 치르는 의미에서 모 단체에 100달러를 기부하기로 다짐했다는 사람 이야기도 들었다. 아무것도 통하지 않으면 이런 예외적인 방법을 적용해볼 수 있으리라.

나는 이런 방법들을 활용해 작은 성공을 일구어갔다. 가령 이제 하루에 물을 2 내지 2.5리터 정도 마시고 있고 그럼으로써 더 가뿐하고 쌩쌩하고 집중력을 발휘한다. 그리고 매일 잠깐이라도 온전히 나 자신만을 위한 시간을 만들려고 노력한다. 여기 수줍은 이들이 자신의 안전지대를 더 자주 떠날 수 있게 도와주는 몇몇 유익한 습관을 소개한다.

- **길 가다가 이웃을 만나면 인사한다**(이웃이 인사를 건네기 전에, 먼저 인사한다).

- 누군가에게 친근한 미소를 지어준다.
- 진정성이 담긴 칭찬을 해준다.
- 문자나 와츠앱보다 전화를 활용한다.
- 누군가를 돕거나 안부를 묻는다.
- 호흡 연습을 한다.

모닝 루틴의 힘

자신에게 맞는 모닝 루틴을 개발해 하루를 기분 좋게 시작하는 습관을 들이면 좋다. 수줍은 이들에겐 특히나 이런 루틴이 꼭 필요하다. 루틴은 당신을 고요하고 평온하게 하며, 두려움 없이 하루를 시작하게끔 도와준다. 전에 나는 이런 조언들을 그냥 무시하고 살았다. 별로 중요하지 않은 것으로 치부하거나("아침에 5분간 심호흡을 하고 안 하고가 뭐 그리 큰 차이를 만들겠어?") 미신처럼 여겼다. 그러나 정말로 루틴이 생각에 영향을 미쳐서, 이런 저런 방향으로 끌고 감을 알았다.

한편으로 이것은 부정적인 습관이 부정적인 기분에 불을 지필 수 있다는 뜻이기도 하다. 가령 매일 아침 눈을 뜨자마자 "아, 제발 오늘 아무 일도 없어야 할 텐데" 또는 "정말 되는 일이 하나도 없어"라고 혼잣말을 한다면 하루가 어떻게 되겠는가. 주의가 온통 실패에만 고정되어 있으면 하루가 삐걱대는 건 놀랄 일도 아니다.

또한 아무런 루틴도 없이 마구잡이로 하루를 시작하면 그 하루는 우연의 법칙에 따라 마구잡이로 흘러갈 것이다. 그 하루에 무엇을 기대해야 할지, 전혀 의식하지 않기 때문이다. 확실한 루틴을 통해서만이 비로소 하루 일과와 내면 상태(이것이 아주 중요하다)가 조율된다. 아침에 일어나 우선 자신의 감정 상태를 챙기고, 그날의 계획을 마음으로 정리해보아야지만, 그날 하루의 일상에 좋은 영향을 미칠 수 있다. 아침에 하루를 준비하며 마음을 조율해놓으면 외부의 영향이 계획한 일과를 방해할 때 최소한 의식적으로 "그만", "됐어"라고 외칠 수 있다. 이런 식으로 거부를 선언하는 것만으로도 큰 효과를 발휘한다.

모닝 루틴은 생각을 계속 긍정적인 방향으로 돌리게끔 해준다. 새로운 마인드셋으로 하루를 시작할 수 있도록 힘을 주고 의욕을 불어넣어 주며, 안정감을 주고 나머지 행동을 잘할 수 있는 토대가 되어준다. 아침에 뭔가 좋은 루틴을 실행하며, 머리를 긍정적인 생각으로 채우면, 그런 모드로 일상을 살아갈 수 있고 일상을 다르게 경험할 수 있다.

하루를 시작하며 몇 분간 시간을 내어 마음챙김을 하면 자신의 상황과 감정을 의식적으로 지각할 수 있다. 그러고 나면 하루 일과가 좋지 않은 방향으로 흘러갈 경우에도 그것을 더 빠르게 깨닫고, 적절한 시점에 방향을 전환하거나, 최소한 이런 부정적인 상황을 상쇄하기 위해 마음을 정리할 여유 시간이 필요하다는 사실을 지각할 수 있다. 그렇게 하는 것이 온종일 쫓기는 사슴 같은 기분으로 사는 것보다 훨씬 더 낫지 않을까?

성공한 이들이 가진 건강한 습관들

성공을 거둔 사람 중에는 모닝 루틴을 갖고 있는 경우가 많다. 그 중 많은 사람이 모닝 루틴이 성공과 추진력의 원천이 되었다고 말한다.

「보그」지의 편집장이자 패션계의 최고 권위자인 애나 윈터는 매일 아침 5시 45분부터 한 시간 동안 테니스를 친다. 이것이 심신의 건강을 유지하고, 하루 일과를 준비하는 그녀만의 방법이다. 직업이 직업이니만큼 일상은 늘 분주하고 변화무쌍하며, 마지막 순간에 뒤집히거나 뜻대로 안 되는 일이 많을 것이다. 마음속에 이런 항상심이 없다면 흔들리지 않고 안정감을 발산할 수 없을 것이다. 그녀의 경우는 모닝 루틴으로 테니스를 치는 것이 항상심을 유지하는 비결인 듯하다.

디자이너 로런 콘래드에게도 모닝 루틴이 있다. 로런 콘래드의 블로그를 보면 그녀가 아침에 맨 먼저 하는 일은 좋아하는 커피를 내려서 여유롭게 즐기는 것이다. 선 채로 급하게 커피를 꿀꺽꿀꺽 삼키지 않는다. 흥미로운 점은 기상하자마자 침대 정리부터 한다는 것이다. 이런 습관이 그녀의 뇌에 "이제 하루를 시작할 준비가 됐어"라고 신호해준다. 아침 식사를 준비하면서 빠른 음악을 듣는다는 점도 인상적이었다. 이런 모닝 루틴은 기분을 '업'시켜줄 게 틀림없다.

빅토리아 베컴은 매일 아침 30분간 홀로 '나만의 시간'을 갖는다. 아이들이 일어나면 아이들에게 우선순위를 두어야 하므로, 아이들이 기상하기 전 잠시 틈을 내 자신의 마음을 돌보는 것이다. 그래야 신경이 끊어질 듯한 상태까지 이르지 않을 수 있다고 한다.

전설적인 기업가 아리아나 허핑턴은 의식적으로 스마트폰을 멀리한 채, 짧은 명상으로 하루를 시작한다. 심호흡을 하고 명상을 하면서 그날의 일정을 짠다. 스마트폰 없이 하루를 시작하는 것이 왜 그리 중요할까? 일어나자마자 문자나 와츠앱을 확인하는 것은 '브레인 킬러Brain-Killer'로써 쌩쌩하고 의욕적으로 하루를 시작하는 걸 방해한다.

모닝 루틴으로 삼을 수 있는 행동은 무궁무진하다. 여러 가지를 시험해본 뒤, 자신에게 맞는 것을 선택하면 된다. 적절한 모닝 루틴은 기운을 북돋워 힘차게 새날을 시작할 수 있도록 해준다. 아직 이렇다 할 모닝 루틴이 없다면(양치질이나 샤워는 루틴에 속하지 않는다) 얼른 하나 마련해서 전후 변화를 관찰해보라!

제한된 시간을 알뜰히 사용하라

나는 재택근무를 하기 때문에 스스로 시간 계획을 세워야 한다. 그렇게 하지 않으면 시간이 손 사이로 줄줄 빠져나가고 규모 없는 삶을 살게 된다. 그러므로 나 같은 사람은 더욱더 기분 좋게 하루를 시작하고 소중한 시간을 적절히 활용하는 것이 중요하다! 물론 직장인이라면 아침형 인간이 아닌 이상, 정신없는 아침에 제대로 된 루틴을 행하기가 쉽지 않을 것이다. 하지만 꼭 시간이 많이 드는 루틴이 아니어도 효과가 있다.

아침 시간을 여유롭게 보내기 위해 저녁에 미리 준비해놓을 것들은 없는지 살펴라. 나는 직장에 다닐 때 다음 날 입을 의상을 저녁에 미리 준비해놓곤 했다. 아침 시간을 낭비하고 있지는 않은지 살펴보라. 아침에 샤워기 아래에 필요 이상으로 오래 서 있지 않은가? 기상하자마자 밤새 도착한 문자나 메시지를 체크하는가? 스마트폰을 체크하는 순간 밤새 도착한 메시지 중 숙제처럼 여겨지는 일이나 예상치 못했던 문제를 발견하면 새로운 생각들이 떠올라 스트레스받는 경우가 많다. 스트레스를 받아 해결책을 생각해내느라 귀중한 아침 시간을 허비하고 있진 않은가?

나는 스마트폰의 함정을 너무나 잘 안다. 언뜻 시간을 효율적으로 사용하는 것처럼 보이는 행동이 알고 보면 그렇지 않은 경우가 많다. 아침에 무엇이 시간을 앗아가고 있는지를 조금만 주의해서 살핀다면, 지지부진한 시간을 단축하여 새날을 정신적으로 준비할 시간을 얼마든지 낼 수 있다는 것이 내 지론이다.

내가 모닝 루틴에 사용하는 시간은 약 15-20분 정도다. 이 중 10분 정도를 느긋이 차를 마시는 데 쓴다. 모닝 루틴이 무려 스무 가지 요소로 구성될 필요는 없다. 복잡해서는 안 된다. 몇 분 심호흡을 하는 것만으로도 기적이 일어날 수 있다. 아무것도 하지 않는 것보다는 몇 분이라도 하는 것이 낫다. 자신에게 잘 맞는 요소를 적절히 섞어 일상에 편입시키면 좋을 것이다.

오디오 명상도 효과가 좋다. 헤드스페이스Headspace 같은 앱을 스마트폰에 다운받으면 쉽게 활용할 수 있다. '뇌를 위한 피트니스 스튜디오'를 자처하는 헤드스페이스는 일상에서 마음챙김을 실천할 수 있도록 돕는다. 명상은 사색 혹은 성찰에 가까운 말로, 반드시 종교적 색채를 띠어야 하는 것이 아니다. 마음챙김 연습과 명상은 가쁜 호흡을 이완해주고 스트레스를 감소시켜준다. 신경학자들은 벌써 오래전에 우리 뇌가 직접적으로 명상에 반응한다는 사실을 규명했다. 심리학자 블라디미르 보스타노프Vladimir Bostanov와 필리프 코이네Philipp Keune는 「정신의학 연구Psychiatry Research」지에 기고한 글에서[18] 명상이 뇌세포의 전기적 활성 상태를 변화시킨다고 지적했다. 이 두 심리학자는 8주간 마음챙김 명상을 실시하고 참가자들의 변화를 살폈는데, 그 결과 참가자들은 이 코스를 통해 명상의 음향 자극에 더 강하게 반응하게 된 것으로 나타났다. 코스를 밟는 동안에는 생각의 쳇바퀴를 돌리며 골똘한 생각에 빠지는 일이 줄어들었던 것이다. 명상 시작 시점에는 생각의 조각들이 머릿속에서 부유하는 것이 느껴졌지만, 명상에 들어가고 나서 시간이 조금 흐르면 뇌가 고요해지고, 생각이 잠잠해지면서 더 집중력을 발휘할 수 있는 상태가 되었다.

좋은 습관은 우리를 다른 사람으로 만들어준다. 모닝 루틴을 통해 하루를 힘차게 시작하면 두려움을 딛고 다른 사람들에게 적극적으로 다가설 용기를 낼 수 있다. 처음에는 이것저것 시험해보면 좋을 것이다. 그러다 보면 시간이 흐르면서 자신의 리듬에 맞는 모닝 루틴을 찾을 수 있다. 무엇부터 시작해야 할지 잘 모르겠거든, 일어나서 몇 분간 눈을 감고 심호흡부터 해보라. 심호흡 연습은 상당히 빠른 효과를 내며, 기껏해야 3분만 투자하면 된다.

: 하루에 반전을 가져올 다섯 가지 모닝 루틴 :

다른 사람들은 어떤 모닝 루틴을 실행하는지 알고 난 뒤에는 나 역시 종종 새로운 루틴을 시험해본다. 2년 전부터 모닝 루틴을 시행해오면서 모닝 루틴 덕분에 하루가 반전을 맞이하기도 한다는 걸 경험했다. 루틴 없이 시작해 하루를 그냥 우연에 내맡기거나 계획했던 일정 사이에 무분별하게 과제들을 끼워 넣으면 우왕좌왕하는 사이 별로 한 일도 없이 하루가 지나가 버리는 느낌이 들고 기분이 다운된다. 여기 내게 힘이 되었던 모닝 루틴 다섯 가지를 소개한다.

1. 호흡

소요 시간: 3-5분

나는 자명종을 맞추지 않는다. 곤히 자고 있는데 자명종이 울려 억지로 몸을 일으키는 건 자못 스트레스로 작용하기 때문이다. 나는 자명종 대신 '슬립사이클SleepCycle' 앱을 이용한다. 이 앱은 수면 단계를 체크하다가 내가 얕은 잠을 자는 시간대에 나를 깨운다. 기상한 뒤 나는 몇 분간 심호흡을 실시한다. 태생적으로 나는 성격이 급하고, 초조하고 짜증을 잘 낸다. 그래서 잠시 심호흡을 하며 심박동을 안정시키는 것이 중요하다. 때로 심호흡을 하면 심박동이 분당 85회에서 65-70회로 내려간다. 그 밖에 의도적으로 심호흡을 해주면 흩어졌던 생각의 파편들이 정리되고, 다시금 생각의 쳇바퀴에 '올라타는' 것을 피할 수 있다.

2. '5분 저널Five-Minute- Journal'

소요 시간: (아침, 저녁 각각) 약 2-3분

나는 일기를 쓴 적이 없다. 청소년 때 여러 번 쓰려고 시도해보았지만 그때마다 작심삼일로 끝났다. 요즘 유행하는 플래너나 다이어리 같은 것도 내 스타일과 맞지 않는다. 위시리스트를 작성하고, 스무 줄에 걸쳐 할 일 목록을 쓰고, 분석하고, 통계를 내고, 인성 테스트를 할 뿐 아니라 다달이 공허한 격언까지 적혀 있어 두툼하기 짝이 없는 플래너는 내 스타일이 아니다. 나는 그냥 빠르게 목표에 이르고 싶지, 선택 사항의 밀물에 휩쓸리고 싶지 않다. 특히나 아침 시간에는 말이다. 아침에는 그냥 하루를 기쁘게 시작하는 것이 중요하지 않겠는가. 그래서 나는 '5분 저널'을 좋아한다. 5분 저널은 심플하다. 매일 아침 늘 똑같은 질문 앞에 선다.

1. 감사한 것: 1, 2, 3
2. 오늘 하루를 좋은 날로 만들기 위해 무얼 할까? 1, 2, 3
3. 긍정 확언: 나는 ______________________________ .

5분 저널은 단순하고 쉽게 그날 하루를 조망할 수 있게끔 되어 있다. 부담 없이, 최소한의 시간만 들이면 된다. 물론 때로는 어렵게 느껴지기도 한다. 갑자기 감사한 것 세 가지를 대라고? 나 역시 금방 떠올리지 못한다. 특히나 내가 '세상이 싫다. 세상도 나를 싫어한다' 모드에 있으면 말이다. 하지만 그럴수록 감사를 연습하고, 아름다운 것들에 초점을 맞추는 것이 중요하다.

나는 밤에 이 놀이를 다시 한 번 한다.

1. 오늘 있었던 좋은 일: 1, 2, 3
2. 오늘을 어떻게 더 좋게 만들 수 있었을까? 1, 2, 3

나는 '5분 저널'을 앱으로 활용한다. 사진을 첨부할 수 있기 때문이다. 사진을 첨부할 생각에 낮부터 마음이 설렌다. 수첩 형태로 판매되는 5분 저널을 사거나, 아니면 수첩에 이 질문을 적어도 될 것이다.

3. 에스프레소나 차

소요 시간: 약 10분

침대를 빠져나오기 전에 나는 신선한 콩을 갈아 만든 에스프레소를 마신다. 블랙으로 마시거나 코코넛오일을 첨가한다(코코넛오일은 신진대사를 촉진한다!). 때로는 계피를 첨가하기도 한다. 보통은 침대에 앉아서 에스프레소를 마신다. 남편이 침대로 가져다주기 때문이다. 야호! 커피를 그다지 좋아하는 편은 아니지만, 진한 에스프레소는 내게 만족감을 준다. 아침에 에스프레소를 마시는 건 졸음을 쫓기(머리와 몸을 깨우기) 위해서가 아니라, 그것이 안정감을 주는 모닝 루틴이기 때문이다. 추운 계절에는 녹차를 선호한다.

4. 단백질, 단백질, 단백질

소요 시간: 약 3분

나는 아침을 먹지 않는다. 사실 아침으로 시리얼이나 빵 같은 달콤한 음식을 먹는 걸 좋아해서 원래는 아침이 내가 가장 좋아하는 식사 시간이었다. 하지만 요즘은 아침을 먹지 않는다. 아침마다 누텔라 같은 것으로 혈당치를 춤추게 하는 것은 좋은 전략이 아니기 때문이다. 그러면 나의 집중력은 아침부터 바닥을 칠 것이다. 물론 건강한 아침 식사를 하면 가장 좋겠지만 말이다. 그 밖에도 배가 부르면 운동을 하는 데 방해가 되기 때문에, 나는 아침 식사를 포기하고 단백질 셰이크만 마신다. 채식 콩단백질 셰이크다. 크게 맛있지는 않지만 꾸준히 먹고 있다.

5. 운동

소요 시간: 약 30분

운동은 성역이다! 이 모닝 루틴이 비로소 생각 기관을 돌릴 수 있도록 해준다. 운동을 빼먹으면 중요한 일을 건너뛴 기분이다. 나는 종종 어떤 운동을 할지를 즉흥적으로 정한다. 전날 달려서 장딴지가 당기면 근력 훈련은 하지 않고 빠른 걸음으로 산책만 한다. 중요한 건 움직이고 있다는 것이므로, 너무 무리하지 않는다. 일주일에 최소한 두세 번은 힘에 부칠 정도로 운동을 해주려 하지만, 계획에 없던 일이 생겨 운동을 하지 못하기도 한다. 불가피한 약속이나 병원 예약이 잡히기도 하고 급한 일이 생기기도 한다. 자연스러운 일이다. 하지만 운동할 수 있는 상황이면 가능한 한 빼먹지 않으려고 한다.

예전에 나는 계획을 반드시 지키고자 전전긍긍했다. 계획이 변경되는 것을 엄청나게 싫어하는 성격이기 때문이다. 나는 융통성이 없고 속좁은 인간이다. '잘 세운 계획이 반이다'라는 것이 내 신조다. 계획대로 되지 않으면 기분이 나빠진다. 하지만 나는 모든 일이 계획대로 이루어지지 않는다는 것을 누누이 확인했다. 75퍼센트쯤 지키면 다행이려나. 모닝 루틴을 유지하기 위해서 계획했던 일을 몇 가지라도 실천한다면 많은 도움이 될 것이다. 그래서 나는 이런 면에서 서서히 느긋해져 가고 있다.

/// 내가 나에게 보내는 응원가,
자기 긍정 확언

내가 하는 또 다른 모닝 루틴은 바로 나 자신을 긍정적으로 바라보는 것이다. 즉 자기 긍정 확언을 말하는 것이다. 언뜻 별로 와닿지 않을지도 모른다. "나는 좋은 생각을 몇 가지 떠올린다. 샤샥- 나는 새로운 사람이다!"라고 외친다고 뭐 그리 큰 효과가 있겠어? 생각할지도 모른다. 하지만 자기 긍정 확언은 생각보다 효과가 많다. 왜 그런지 살펴보자.

자기 긍정 확언이 효과를 낼 수 있는 이유는 바로 ARAS(상행성 망상체 활성계ascending reticular activating system)라 불리는 뇌 속 시스템 덕분이다. 피질과 시상을 상행, 하행으로 연결하는 네트워크로, 뇌의 무의식적인 부분에 속하며 무엇보다 각성과 주의력을 조절한다. ARAS가 보낸 모든 신호는 곧장 의식에 도달함으로써 우리가 특정 행동에 주의를 집중하도록 한다.

식당에 앉아 친구와 이야기하고 있다고 해보자. 친구와 당신은 옆 테이블에 앉은 사람들이 무슨 이야기를 하든 별로 신경 쓰지 않는다. 그 사람들이 주변에 다 들릴 만큼 큰 소리로 떠든다 해도 당신의 뇌는 그런 소리를 그냥 무시해버린다. 그렇게 인스타그램에 올릴 만한 근사한 스무디나 샐러드 앞에 앉아 친구와 이야기를 나누고 있는데, 갑자기 옆 테이블에서 당신의 이름이 불쑥 튀어나온다고 하자. 그러면 어떻게 되겠는가. 아마 당신은 자신의 이름이 들리는 쪽으로 100퍼센트 고개를 돌릴 것이다. "어머나, 내 이름이 들렸네!" 하는 정보는 너무나 중요해서 곧장 모든 주의력을 사로잡는다. 적극적으로 들으려 한 것도 아닌데, ARAS가 중요한 정보를 포착하고 의식을 활성화한 것이다.

무언가에 관심이 생기자마자, 가령 특정한 스타일의 구두나 핸드백에 관심이 생기자마자, 곳곳에서 그런 핸드백이나 구두를 착용한 사람들이 눈에 띄는 현상을 경험해본 적이 있는가? 전에는 사람들이 무얼 들고 다니는지 전혀 몰랐는데 사고 싶은 가방이 생기면, 유독 그것을 들고 다니는 사람들만 눈에 들어온다. 이런 현상 역시 ARAS 때문이다.

잠재의식 속 먹구름 걷어내기

그렇다면 ARAS가 수줍음과 무슨 관계가 있을까? 잠재의식은 프로그래밍할 수 있다. 더 쉽게 말하면 잠재의식은 학습 능력이 있다. 따라서 우리는 ARAS가 주의력을 긍정적인 목표로 돌리도록 조절할 수 있다. 현실은 잠재의식이 내보내고, 우리가 의식적으로 지각하는 신호일 뿐이기 때문이다.

자기 긍정 확언을 지속적이고 강하게 반복함으로써 잠재의식의 초점을 새롭고 긍정적인 목표로 돌릴 수 있다.[19] 그 과정에서 부정적인 생각은 차츰차츰 걸러진다. 아침에 눈을 뜨자마자 걱정이 몰려오는가?

- 오늘 회의가 있는데 어떻게 해야 하지?
- 모든 것을 망칠까 봐 두려워.
- 상사가 대체 나를 어떻게 생각할까?
- 마트에서 아는 사람과 마주치는 일이 없어야 할 텐데.
- 조바심이 나서 가슴이 아플 지경이야.

부정적인 가정은 정말 많다. 긍정 확언으로 이런 부정적인 생각들을 상쇄시킬 뿐 아니라, 차츰차츰 없애나가야 할 것이다. 물론 자기 긍정 확언을 한 번 했다고 해서 마법처럼 모든 걱정이 물러가지는 않는다. 인내와 지구력이 필요하다. 다른 사람들이 당신의 의견을 무시하거나, 당신을 중요하게 생각하지 않는다는 생각을 갖기까지도 오랜 시간이 필요하지 않았는가. 부정적인 자아상이 깊이 뿌리박혀 있으면 "오늘부터 나는 승리자야" 같은 귀여운 말 따위 별 영향력을 발휘할 수 없다.

처음부터 너무 큰 기대는 하지 말고, 조금씩 다른 규칙이 지배하도록 내 안에 지속적으로 긍정적인 생각을 주입해나가야 한다. 곧장 변화가 느껴지지 않는 것은 잠재의식이 부정적인 가정에 사로잡혀 있기 때문으로, 아주 정상적인 일이다. 자기 긍정 확언을 열 번, 열다섯 번 반복해도 효과가 없을지 모른다. 매번 내면의 목소리가 "너 스스로 그렇게 믿지도 않잖아!" 혹은 "너 정말 그런 사람이야?!"라고 거부하는 피드백을 보내올지도 모른다.

나도 이런 상황을 잘 알고 있다. 잠재의식은 강하며, 내면의 두려움은 그리스 신화에 나오는 괴물 히드라를 연상시킨다. 히드라의 비열한 점은 머리를 하나 잃으면 그 자리에서 새로운 머리가 두 개 자란다는 것이다. 그러나 다행히 우리의 경우는 절대 그렇게 되지 않는다. 우리는 스스로 어떤 사람이 되고 싶은지를 선택할 수 있고, 현실을 만들어나갈 수 있기 때문이다.

그러므로 용기를 잃지 말고 해보자. 더딜지라도 성공은 반드시 온다. 정말로 믿어질 때까지 잠재의식에 긍정적인 생각을 주입하라. 꾸준히 하면 분명히 변화가 온다! 자기 긍정 확언을 하는 것은 자기 최면을 거는 방법이자 잠재의식을 훈련하는 아주 효과적인 방법이다! 내 경험상 아침에 일어나자마자 앉아서 자기 긍정 확언을 실행하면 좋다.

잠재의식이 서서히 새로운 긍정 확언을 받아들이도록 하는 방법은 여러 가지가 있다. 일기장에 매일 확언 문장을 적어도 좋다. 어떤 사람들은 같은 문장을 10-15번 쓰기도 한다.

일어서서 심호흡을 하며 자기 긍정 확언을 큰 소리로 외칠 수도 있다. 소리 내 말하는 것은 그냥 문장을 쓰는 것보다 효과적이다. 큰 소리로 독백하는 행위는 좀 이상해 보일 수도 있다. 어린 시절에 받은 부정적인 피드백 때문인지 많은 사람이 소리 내 혼잣말하는 것을 이상한 행동이라고 생각한다. 이상한 사람으로 보이고 싶은 사람이 누가 있겠는가. 그러나 그런 고정관념을 버려라. 소리 내 말하는 것은 생각을 정리하고 집중하게 하는 힘이 있다. 물론 사람들이 많은 자리에서 큰 소리로 혼잣말을 하면 다른 사람에게 피해가 될 것이다. 하지만 혼자 있을 땐 이상할 것이 없다. 큰 소리로 독백하는 것은 오히려 아주 유용한 심리 도구가 될 수 있다. 자기 목소리로 원하는 바를 말하고, 그 목소리를 듣는 것은 긍정적인 확신을 가능케 해준다. 소리 내어 말하는 건 학습 효과를 상승시키기도 한다. 읽기, 쓰기가 약한 아이들의 경우, 소리 내어 낭독하는 것이 좋은 효과를 가져온다는 게 입증되었다. 단어를 외울 때도 마찬가지다. 눈으로 볼 뿐 아니라 소리로 들을 때 우리 뇌는 해당 사항을 더 잘 기억한다. 그러므로 이런 방법을 활용하여 자기 긍정 확언을 통해 뇌에 긍정적인 영향을 미쳐보라.

나는 뇌가 어떻게 일하고, 각각의 뉴런과 신경길이 어떤 과제를 담당하는지 잘 모른다. 우리의 생각 기관은 아주 복잡해서 학문도 아직 뇌의 작동 메커니즘을 다 밝히지 못했다. 그만큼 뇌는 매력적이고, '뇌가 어떻게 일하는가'라는 물음은 흥미롭다. 하지만 중요한 건, 내가 뇌의 작동방식을 잘 알지 못하고 설명할 수 없다고 해서, 자기 긍정 확언이 효과가 없는 건 아니라는 사실이다. 자기 긍정 확언을 통해 새로운 마인드셋을 정립하라는 내 말이 수수께끼 같고 미신처럼 들리겠지만 정말로 신경계의 변화가 가능하다.

자기 긍정 확언, 어떻게 할까

1. 일단은 거부감이 별로 느껴지지 않는 중립적인 자기 긍정 확언을 생각해보라. 가령 "나는 여간해서 흔들리지 않아", "나는 감정을 표현할 수 있어", "나는 계획한 걸 실행할 수 있어" 같은 말을 떠올린다. 블로그에 글을 쓰고 독자들을 대하는 것이 겁이 났을 때 나는 "어떻게 되든 간에 새로운 경험은 늘 중요한 거야!"라는 말을 백 번은 되뇌었다. 그러자 어느 순간 정말로 그 말을 믿게 되었고, 독자들과의 상호작용을 기대하는 마음이 생겨났다.

2. 곧장 별을 따려 하지 말라. 열정이 있는 건 좋지만, 자신에게 너무 높은 요구를 하면 실망으로 이어지기 쉽다. "나는 조금씩 조금씩 두려움에서 벗어날 거야"라고 말하는 것이 현실적이고 신빙성이 있다.
3. "-하면 안 돼." "-하지 않을 거야"라는 문장 대신 "-할 거야"라고 표현하라. 내가 당신에게 "분홍 코끼리를 생각하지 마"라고 말하면 무슨 일이 일어날까. 당신은 분명 분홍 코끼리를 생각하게 될 것이다. 잠재의식은 (영어로 말하자면) 'not'이라는 말을 모른다. 그러므로 부정적인 표현을 사용하는 대신, 긍정적인 표현을 사용해야 한다. 그렇지 않으면 오히려 바라던 바와 반대되는 일이 일어날 수 있다.
4. 자기 긍정 확언을 매일 반복하라. 하루 중 서로 다른 시간에 골고루 배분하여 실시하면 좋다. 스마트폰에 알림을 설정해놓는 것도 좋은 방법이다. 그렇게 하다 보면 우리의 소망이 ARAS까지 도달하고 진지하게 받아들여질 것이다.
5. 자신이 하는 말을 믿어라. 자기 긍정 확언이 맞다는 걸 스스로 믿지 않으면 연습은 무의미하다.

/// 몸과 마음의 면역력을 키우는
가장 빠른 방법, 운동

"운동을 약으로 만들 수 있다면, 이 약은 세상에서 가장 자주 처방될 것이다."

애틀랜타 에모리대학교, 의학부

시각의 변화만큼이나 운동 역시 내가 자기 의심의 불안에 많이 시달리지 않게끔 톡톡히 제 몫을 해주었다. 앞에서 이미 언급했지만 자기 자신을 알아가고, 투지를 기르는 데 운동만 한 것이 없다. 이런 연관성에서 '회복력resilience'이라는 개념이 대두되곤 한다. 회복력은 라틴어의 'resilire'라는 단어에서 유래한 말로, 원래의 자리로 돌아오는 탄성을 뜻한다. 즉 인간이 시련을 겪어도 굴하지 않고 위기를 극복하고 긍정적으로 삶을 살아내는 능력이 바로 '회복력'이다. 그러므로 회복력은 일종의 정신적 면역계라고 할 수 있다. 회복력이 있는 사람은 삶이 주는 시련에 여간해서는 굴복하지 않는다.

"여봐요, 멜리나. 그래서 회복력이 운동과 무슨 관계가 있나요?"라고 물을지도 모른다. 내가 확신하건대 운동은 사람을 변화시킨다. 무엇보다 운동이 저항을 더 잘 다루게끔 해주기 때문이다. 운동을 할 때 우리는 저항에 부딪힌다. 신체가 한계에 부딪힌다. 하지만 운동을 통해 저항의 존재를 당연하게 받아들이고 저항을 적절히 다룰 수 있다. 그러다 보면 누군가 엉뚱한 말을 해도 그리 당황하지 않고 태연하게 조율할 수 있으며, 자신의 의견이 잘 먹히지 않아도 그리 괴로워하지 않을 수 있다.

운동은 내게 투혼을 불어넣어 주었고, 나 자신을 신뢰하고, 내가 영향을 미칠 수 없는 상황에도 보다 이성적으로 임할 수 있게끔 해주었다. 운동을 통해 실패와 퇴보를 한결 더 평온하게 받아들일 수 있었고, 무엇보다 실망하지 않고, 그런 상황을 오히려 기회로 바라보게 되었다. 매일 신선한 공기를 마시며 30분 정도 산책하는 것만으로도 이미 굉장한 차이를 가져온다.

운동이라는 말이 싫다면, 그냥 움직임이라 불러도 좋다. 중요한 것은 몇 걸음을 걸었는가, 몇 시간을 운동해주었는가, 얼마나 많은 훈련을 했는가가 아니다. 처음엔 나 역시 실적 위주로 나아가고자 했다. 하지만 전혀 효과가 없었다. 경험상, 자기 수준보다 조금만 무리해도 포기할 확률이 높아진다. 좋은 습관은 조금씩 꾸준히 할 때 만들 수 있다('습관이 우리를 두려움에서 자유롭게 할지어다' 부분을 참고하라). 때로는 동네를 한 바퀴 산책하는 것만으로도 충분하다. 심박동 시계나 측정 도구를 동원하지 말고 부담 없이 시작해보라. 쉬어주면서 규칙적으로 반복하다 보면 자신의 능력과 한계에 대한 감이 생길 것이다.

운동과 친해지기까지

사실 나는 오랫동안 운동하는 걸 좋아하지 않았다. 우리 집은 운동보다 지적인 활동을 권장하는 분위기였다. 그러다 보니 여가 시간에도 운동을 하기보다는 보드 게임을 하고 놀았다. 가족 중 아무도 운동을 좋아하지 않았던 것 같다. "운동, 그게 뭐야? 힘든 거 아냐?" 이런 분위기였다. 요즘에도 온 가족이 함께 겨울 휴가를 가면 그냥 온종일 책 읽고, 보드 게임을 하고, 맛있는 빵집이 어디 있는지 물색하며 보낸다. 따라서 운동은 우리 가족의 스케줄에 들어 있지 않았다.

예전에 운동이 내 우선순위 목록에서 어느 정도 자리를 차지했는지 상상할 수 있을 것이다. 99위 아니면 100위? 그 정도 순위였다. 유치원 때 발레 레슨을 받기도 했고, 나중에 체조를 배우기도 했지만 그 모든 기간을 합쳐도 얼마 되지 않는다. 우리 가족 중 비만인 사람은 한 명도 없는데, 아마도 이것이 문제였을 것이다. 우리 가족은 모두 운동은 살을 빼려는 사람만 하는 거라고 생각했던 것이다. 운동으로 건강을 챙기고 저항력을 기르는 일에는 가족 아무도 관심을 기울이지 않았다.

게다가 나는 운동은 학교 체육 시간에나 하는 것이라고 생각했다. 그러다 보니 운동은 즐거운 것이 아니라 힘든 것이라는 이미지가 강했다. 당신의 가족 안에서 운동은 어떤 위치에 있었는가? 마지못해 하는 귀찮은 것이었는가, 아니면 함께 즐기는 것이었는가? 이 대답만으로도 자신이 갖고 있는 운동에 관한 이미지를 체크하고, 운동을 새로운 시각으로 보는 계기로 삼을 수 있다. 운동을 팀을 짜서 시합하는 것으로만 경험해왔다면, 수줍은 사람들은 운동과 친해지려는 마음이 더더욱 없을 수도 있다. 하지만 걱정하지 말라. 이제 당신은 성인이 되었고, 자신에게 맞는 운동 프로그램을 짜면 되니까. 아무도 당신에게 단체로 하는 피트니스 코스에 참여하라고 강요하지 않는다. 하고 싶은 것을 하라!

나 역시 어릴 때부터 운동과 친하지 않았기에, 몸을 움직이는 걸 습관으로 삼기가 정말 힘들었다. 기껏해야 산책이나 할까. 하지만 그것도 걷는다기보다는 어슬렁거리는 것에 가까웠다.

내가 본격적으로 운동을 시작하기로 마음먹은 것은 2012년이었다. 그때 갑자기 조깅을 해야겠다는 생각이 들었다. 그보다 몇 해 전에 남편과 피트니스 센터에 등록하긴 했었다. 하지만 당시는 군살을 빼기 위해서였고, 지속적으로 할 만큼 동기부여가 강하지 않아, 실제로 운동한 기간은 얼마 되지 않았다. 전문가의 지도가 부족했을 뿐 아니라, 목표 자체도 매력적이지 못했다. 그때까지 아무도 내게 신체를 트레이닝하는 것이 어떤 의미를 갖는지 제대로 가르쳐주지 않았다. 즉 회복력을 기르고, 지각 능력을 개선할 수 있다는 것 말이다. 근육을 만들고 살을 빼는 것이 아니라, 바로 회복력을 기르고 자신을 제대로 지각하는 것이야말로 수줍음을 극복하는 열쇠인데 말이다.

처음 조깅을 시작했을 때 나는 밤에만 거리로 나갔고 되도록 인적이 드문 길을 골라서 달렸다. 아는 사람이 내가 조깅하는 걸 볼까 봐, 특히나 달릴 때 출렁이는 나의 허벅지 살을 볼까 봐 조마조마했다. 탄탄한 근육은 하루아침에 만들어지지 않건만 늘어진 근육을 보이기는 싫었다.

또한 내가 하는 모든 것은 다 근사해 보여야 했다. 아니 완벽해 보여야 했다. 우선 근사한 조깅복을 준비했다. 2킬로미터도 채 달리지 않을 거면서 세련된 조깅 반바지와 잠바, 운동화를 사러 나갔다. 어찌 됐건 간에, 의욕을 유지하는 게 중요하지 않겠는가.

어느 정도 달리기 시작하면서 조깅 횟수를 일주일에 세 번으로 늘렸다. 물론 느리게 달렸고, 한 번에 3-4킬로미터밖에 달리지 않았다. 처음에는 퇴근하고 와서 운동화를 신고 밖으로 나가야 한다는 사실이 고역처럼 느껴졌다. 그래서 종종 꾀를 부렸다. “오늘도 뛴다고? 오늘은 괜찮아. 이미 자전거를 타고 ALDI(독일의 다국적 슈퍼마켓 체인-옮긴이)에 다녀왔잖아! 그리고 내일은 치과 예약이 있어. 아, 토요일이잖아. 안 되겠어. 저녁에 모임이 있어. 운동할 시간이 없어!"

그러면서도 나는 운동을 하지 않으면 컨디션이 별로 좋지 않다는 것을 깨달아가고 있었다. 지속적으로 달리면서 나 자신에게 변화가 일어나고 있음을 느꼈다. 더 자신감 있어지고, 더 기분 좋고, 정신적으로 더 강해진 느낌이었다. 일단 긍정적인 경험을 하니 전모를 경험하고 싶었고 그리하여 나는 여러 근육을 한꺼번에 트레이닝해주는 펑크셔널 트레이닝functional training(기능성 훈련)이라는 것을 시도했다.

초반에 무리하지 말 것

운동을 하다 보면 마음먹은 대로만 되지 않는다. 계획대로 하는 게 늘 쉽지는 않다. 성장하고 재충전하기 위해 신체가 좀 더 시간을 필요로 하는 경우도 있다. 이럴 때 자신을 비난하는 건 좋지 않다. 자신을 너그럽게 대하고, 결코 전진을 종용하지 말라!

나는 초기에 뚜렷한 성과를 이뤘음에도 종종 내가 구제불능처럼 느껴졌다. 난 계속 이렇게 자책했다. "이 프로그램은 쉽게 따라 할 수 있도록 만들어졌을 텐데. 난 루저야 루저!" 때로는 내가 열악한 조건이 아니라, 계속해서 비난을 쏟아내는 내 머리와 싸우는 기분이 들었다. 다시금 자기 의심이 인사를 해오고, 완벽주의자가 빠르게 등장했다. 한꺼번에 너무 많은 것을 하려다 보니 달리면서 자꾸 한계에 부딪혔다. 초반에 너무 무리해서 정강이뼈가 아파 운동을 쉴 수밖에 없었고, 일주일 정도 운동을 쉬다 보니 나 자신이 무가치하게 느껴졌다. 그동안 거두었던 성과도 무색해진 느낌이었다.

슬럼프에 빠졌을 때는 자신을 너그럽게 대하면서 이미 이루어놓은 성과를 헤아려보는 것이 중요하다. 새로운 상황에 적응하려면 머리만이 아니라, 신체에도 시간이 필요하다. 자신의 몸을 더욱 배려하고 따뜻하게 다룰수록 신체는 강인함과 저항력으로 보답할 것이다. 나 역시 어느 순간부터 내면의 비판자가 느슨해졌고, 기대감으로 운동을 할 수 있었다.

이제 운동은 나의 필수 일과로 자리매김했다. 스마트 워치가 기상 시간과 운동 시간을 알려주고 나는 달리기를 하고, 줄넘기를 하고, 필라테스를 하고, 산책을 한다. 그날의 컨디션과 기분에 따라 번갈아가며 내키는 걸 한다. 더는 특정 트레이닝 프로그램을 따르지 않는다. 처음에는 트레이닝 프로그램을 적용하면 신체와 친해지고, 신체의 한계를 확장할 수 있다. 하지만 그동안 나는 움직이고 운동하는 것의 기쁨을 터득했고, 이제 매일 신선한 공기를 마시러 나가고 싶은 욕구를 느낀다. 당신도 규칙적으로 운동할 때 심신의 컨디션이 더 좋아진다는 것을 확인할 수 있을 것이다.

운동이 주는 의외의 효과

보통 많은 여성이 그러하듯 나 역시 맨 처음 살을 빼려는 의도에서 운동을 시작했다. '다른 사람들도 다 피트니스 센터에 다니니, 나도 운동을 좀 해야지'라고 생각했다. 하지만 그렇게 운동하는 과정에서 전혀 예상치 못한, 훨씬 더 중요한 어떤 일이 일어났다. 즉 운동을 하면서 나는 나 자신을 알게 되었고, 신체가 잘 따라오는 것을 느끼며 내적인 힘을 얻을 수 있었다. 다른 사람이 제안하는 프로그램을 따라 하는 대신 내게 맞는 운동을 스스로 찾아 했고, 무엇보다 밖에서 운동을 하면서 긍정적인 경험을 할 수 있었다. 내 몸과 근육이 매일의 운동에 익숙해지면서 신기하게 자존감도 높아지기 시작했다. 달리면서 맛본 작은 성공들이 내게 '진짜 삶'에서도 더 많은 것을 할 수 있음을 보여주었다. 달리는 인간으로서 내는 성과는 100퍼센트 나 자신의 것으로 인정할 수 있었고, 이런 뿌듯함은 삶에서도 요행을 바라거나 상황이 맞아떨어져 주기를 바라기보다 스스로 인생의 고삐를 쥐고 나아가야 한다는 마음을 북돋워주었다.

이런 새로운 의지력으로 나는 소심하고 두려운 마음을 통제 가능한 정도로 줄여나갔다. 당신도 운동을 통해 안전지대를 조금씩 넓혀가다 보면, 소심하고 수줍게 행동했던 상황에서 훨씬 더 담대하게 행동할 수 있을 것이다.

전 NBA 농구 선수로서 최우수선수상을 다섯 번이나 수상한

마이클 조던은 이렇게 말했다.

"나는 실패를 받아들일 수 있다. 완벽한 사람은 없다. 하지만 시도해보지 않았다는 것만은 받아들일 수 없다."[20]

계획대로 운동이 잘 안 되면 다시금 내면의 완벽주의자가 나타나 불평할 것이다. 하지만 그렇더라도 흔들리지 말고 밀고 나가라. 꾸준히 하다 보면 승자가 될 수 있을 것이다. 운동을 통해 새로운 자존감과 의지력을 획득하고 나면, 누군가에게 잘 보이지 못한 것 같아도 예전처럼 며칠씩 곱씹으며 죄책감을 느끼지 않는다. 또한 사람들 사이에 섞이는 일, 사람들 앞에서 의견을 개진하는 일도 그리 힘들지 않게 된다. 자신의 생각을 다른 사람의 생각만큼 중요하게 여기게 되며, 모임에 갔다가도 '배터리'가 얼추 비는 걸 빠르게 자각하고 적절한 때에 물러날 수 있다.

학문이 증명한 운동의 쓸모

물론 나는 여러 심리 조언서와 다양한 잡지를 통해 운동이 정신에 미치는 긍정적인 효과를 전해 들은 바 있었다. 하지만 인간은 어차피 스스로 경험해보기 전까지는 믿지 못하는 법이다. 이 책을 쓰기 위해 자료를 조사하면서 베를린 샤리테 병원의 연구 결과도 알게 되었다. 그에 따르면 운동이 불안 장애나 우울증 환자에게 큰 도움이 되며, 스트레스 호르몬의 분비를 감소시킨

다고 한다.[21]

운동은 기적의 수단이다. 운동이 중증 심리 질환을 가진 사람들에게 효과를 발휘한다면 우리처럼 '그저' 수줍은 성격일 뿐인 사람들에게는 얼마나 유익하겠는가. 많은 연구는 지구력을 높여주는 유산소 운동부터 시작하라고 권고한다. 특히 밖에서 맑은 공기를 마시며 하는 유산소 운동은 정신 건강에 효과가 좋다. 나는 그걸 몸소 실감한다. 유산소 운동을 하지 않고 근력 운동만 하는 날에는 바로 운동한 느낌이 들지만, 트레이닝 강도가 높아서 금방 지친다. 반면 빠르게 걷기나 조깅 같은 유산소 운동을 해준 날에는 좋은 컨디션이 온종일 지속된다.

최근에 나는 운동이 내 마음의 균형을 빠르게 회복시켜준다는 걸 다시금 실감했다. 그날 나는 나 자신에게 적잖이 화가 났다. 공원을 산책하던 중 한 아가씨가 당나귀를 데리고 지나가는 걸 봤다. 당나귀가 너무나 귀여워 보여서 순간 달려가서 당나귀를 쓰다듬어보고 싶은 마음이 불쑥 솟아났다. 동네에서 당나귀를 보는 건 정말 흔치 않은 일이다. 하지만 어떻게 되었을까. 나는 수줍어서 용기를 내지 못했다. '아, 됐어. 어린애도 아니고 네가 그렇게 마구 달려가 봐. 저 아가씨가 너를 어떻게 생각하겠니?' 하는 마음이었다. 그래서 차마 당나귀 쪽으로 가지 못하고 대신 이 특별한 커플을 사진으로 남기고자 나무가 우거진 곳으로 뛰어갔다. 이 얼마나 한심하고 한심한 행동인가! 예전 같으면 이렇게 행동한 자신이 싫어서 며칠 동안 이 일을 곱씹으며 마음상해했을 것이다. 하지만 그날 나는 곧장 공원을 몇 바퀴 산책하며 그 일을 내려놓기로 했고, 집에 돌아왔을 때는 찝찝함이 '가셔' 있었다.

수줍음을 타지 않는 사람들에게는 이 이야기가 우습게 들릴지도 모른다. 하지만 예전의 나는 그런 작은 일에도 일상에 상당한 타격을 받곤 했다. 수줍지 않은 사람들은 그런 일에 별 신경도 안 쓰겠지만 말이다. 하지만 규칙적으로 운동을 하면서 나 또한 일상의 작은 실패들을 무던히 넘길 수 있게 된 듯하다. 나 자신이 '정말 어리석고 아무짝에도 쓸모없는 듯이' 여겨지다가도 밖에 나가 바람을 쐬고 나면 그런 마음이 사라지고 다시 현실의 지평에 발을 디디게 된다.

: 운동이 신체에 미치는 영향 :

물론 이 책에서는 운동이 정신과 심리에 미치는 영향에 주안점을 두었지만, 운동이 일반적으로 우리에게 어떤 유익함을 가져다주는지도 잠시 살펴보고 넘어가도록 하자.

1. 운동은 면역력을 높인다. 예전에 나는 잠시만 찬 바람을 맞아도 금방 감기에 걸리는 나약한 인간이었다. 하지만 운동을 시작한 뒤 지난 3년간은 거의 감기에 걸리지 않았다.

2. 운동은 수면의 질을 높인다. 나는 아이폰의 자이로컴퍼스와 마이크를 활용해 운동과 수면을 측정해주는 앱을 활용한다. 운동한 날에는 특히나 깊은 잠을 자고, 수면의 질이 좋은 것으로 나타난다. 그리고 아침에 일어나면 훨씬 더 개운하다.

3. 뼈와 근육이 튼튼해진다. 운동하기 전에 내 팔은 물컹물컹했고, 팔굽혀펴기는 겨우 한 개를 할까 말까 하는 수준이었다. 그런데 이제는 팔굽혀펴기를 36개 정도 할 수 있으며, 목이 경직되는 현상도 훨씬 드물게 나타난다.

4. 운동은 나를 생산적으로 만들어준다. 나는 재택근무를 하므로,

일을 미루며 하루를 지지부진하게 보내지 않으려면 정신을 똑바로 차려야 한다. 운동으로 뇌에 산소를 공급해주면 뇌는 부신피질자극 호르몬ACTH을 더 많이 분비한다. 이 호르몬은 혈압을 낮추고, 집중력을 높여 일에 몰입할 수 있도록 한다.

5. 운동은 기분을 좋게 한다. 운동을 하면 행복 호르몬이 더 많이 분비될 뿐 아니라 아드레날린, 코르티솔, 노르아드레날린 같은 스트레스 호르몬이 더 빠르게 분해된다. 일거양득이 아닐 수 없다.

6. 몸매가 탄탄해진다. 꾸준히 운동하면 몸에 탄력이 생긴다. 이 점에는 누구도 이의를 제기할 수 없을 것이다.

이번 장을 처음 시작할 때 소개했던 인용문을 기억하는가? 운동을 '약'이라 생각하고 테스트해보라. 나는 운동을 통해 피곤하고 예민하고 불안한 상태와 의욕 있고 편안하고 용기 있는 상태의 차이를 확연히 느끼게 되었다. 물론 컨디션에 영향을 미치는 요인은 운동 외에도 많다. 하지만 운동은 그 효과를 바로 느낄 수 있다.

/// 자신감을 키워주는 연료,
균형 잡힌 영양 섭취

자신을 바라보는 올바른 시각, 적절한 모닝 루틴, 규칙적인 운동과 더불어 균형 잡힌 영양 또한 빠질 수 없다! 하지만 영양이 수줍음과 무슨 관계가 있을까?

먹는 음식이 중요한 이유는 그것이 우리의 컨디션에 굉장한 영향을 끼쳐서다. 가족과 함께 휴가를 가면 그 사실을 실감할 수 있다. 그럴 경우 평소 내 습관대로 먹지 않고 자꾸 다른 사람들의 식습관에 맞추게 된다. 첫 2, 3일간은 정신을 바짝 차리고 단 것을 포기하고자 노력한다. 그리하여 다른 가족들이 버터와 잼을 곁들여 크루아상을 먹든 말든 나는 귀리와 단백질 셰이크를 먹는다. 하지만 그 상태는 오래가지 못한다. 3일쯤 지나면 주변에 널려 있는 간식과 쿠키, 케이크를 우걱우걱 집어 먹고 있는 나를 발견한다. 그 결과는 금방 몸으로 나타난다. 몸이 눈에 띄게 무겁고 둔해지고, 축 처질 뿐 아니라 머리 회전도 느려진다. 힘이 빠지고 매사에 의욕이 사라져 그냥 누워서 뒹굴거리고만 싶다. 마치 케이크 반죽 덩어리가 된 기분이다. 나는 이런 느낌이 휴가 때의 식생활 때문이라고 생각한다. 앞에서 살펴보았듯이 우리의 의지력은 혈당치와 직접적인 관계가 있기 때문이다. 이런 상태가 되면 나는 사람들에게 휘둘리고, 기분이 변덕스러워진다. 제대로 집중을 못 하고 더 소심해지며 빠르게 방어 자세를 취한다. 평소에는 되도록 단것을 피하고 건강하게 먹으려 노력하기에 갑자기 변한 식생활이 심신의 컨디션에 빠르게 영향을 미치는 것이다. 늘어지고 지친 기분이 되면 나 자신이 열등한 루저 같고, 자포자기한 심정이 되며, 가뜩이나 예민한 성격이 더 예민해진다.

적잖은 사람이 나와 같을 것이다. 하지만 대부분의 사람들은 음식이 미치는 영향을 그다지 높이 평가하지 않는 듯하다. '요즘 왜 이렇게 초췌하고 까칠할까?'라고 자문하기는 하지만, 몸의 연료인 음식에 원인이 있다는 생각은 잘 하지 못한다. 보통 그냥 일 때문에 스트레스를 받았거나 다른 걱정 때문에 피로를 느끼는 것이라고 생각한다. 물론 틀리지 않다. 하지만 단지 그 이유뿐만은 아니다.

수많은 연구가 영양과 기분 사이의 상관관계를 입증했다. 민간요법은 오래전부터 이 둘 사이의 상관관계에 주목해왔다. 따라서 "먹고 행복해지세요"는 영 틀린 말이 아니다. 신선한 채소, 과일, 생선, 통곡물 식품을 먹는 사람들의 우울증 발병률이 평균보다 적다는 건 연구에서 누누이 확인된 바 있다. 과체중인 사람들이 우울증과 불안 장애에 시달릴 확률이 높은 것 역시 그들이 비만이라는 사실에 괴로움을 느끼기 때문만이 아니라, 나쁜 식습관이 영양결핍을 초래하고, 뇌와 정신에 부정적인 영향을 미치기 때문이다.[22]

이 자리에서 신경학자 페르난도 고메즈 피닐라Fernando Gómez-Pinilla의 흥미로운 연구를 소개하고 싶다.[23] 그는 환경 요인이 신경계에 미치는 영향과 관련하여 "영양은 약처럼 뇌에 직접 작용한다"고 말했다. 음식에 함유된 각각의 화학 성분이 뇌에 긍정적인 영향을 미치기도 하고 부정적인 영향을 미치기도 한다. 그중 한 예는 오메가3지방산이다. 연어나 고등어 같은 기름진 생선에 함유된 오메가3지방산은 뇌 건강뿐 아니라 기분에도 좋은 영향을 미친다. 고메즈 피닐라는 이렇게 진단했다. "지난 100년간 서구에서 포화지방산과 트랜스지방산의 소비가 대폭 증가했다. 반면 오메가3지방산 섭취는 감소했다. 미국이나 독일 같은 나라에서 우울증 발병률이 높은 것을 이와 관련해 설명할 수 있다." 충분히 설득력 있는 이론이라 생각한다. 특히 일본처럼 생선을 통해 오메가3지방산을 충분히 섭취하는 나라는 우울증 발병률이 평균보다 훨씬 낮은 것으로 알려져 있다. 나는 어리석게도 맛이 비리다는 이유로 생선을 잘 먹지 않는다. 재고해야 하지 않을까 생각 중이다.

기울리아 엔더스의 『매력적인 장 여행』[24]이 초대형 베스트셀러가 된 이래 모든 독일인은 장이 독자적인 신경계를 가지고 있으며 계속해서 뇌와 신호를 교환한다는 사실을 알고 있다. "여기요, 나 배고파요" 또는 "그만, 나 배불러요"라는 신호뿐 아니라, 우리의 감정과 연결된 정보들을 나눈다는 것을 말이다.

그러므로 균형 잡힌 영양 섭취는 컨디션에 영향을 미친다. 소울푸드라는 말은 그래서 나온 걸 거다. 가령 행복 호르몬인 세로토닌은 우리가 음식으로 트립토판, 비타민 C, 마그네슘, 망간, 오메가3지방산, 아연을 충분히 섭취해야지만 만들어진다. 온종일 포화지방산과 트랜스지방산이 많이 함유된 가공 음식과 별다른 영양소가 없는 흰 밀빵만 먹는다면, 컨디션이 좋을 리가 없다. 게다가 앞에서 말했듯이 혈당치가 우리가 얼마나 의지력을 발휘할지, 그럼으로써 어떤 결정을 내릴지에 영향을 미친다고 한다면, 이미 안 좋은 요소를 차곡차곡 쌓고 있었던 것과 같다.

내가 매일 먹는 뮈슬리는 세로토닌 분비를 촉진하는 슈퍼푸드로 구성되어 있다. 나는 그날그날 좀 다르지만, 주로 귀리, 튀긴 아마란스, 퀴노아, 바나나, 너트, 씨앗 등을 혼합하여 먹는다. 신경 써서 영양이 풍부하고 균형 잡힌 식사를 하면, 감정이 안정되고, 두려움을 더 잘 극복할 수 있다는 느낌이 든다. 신체 컨디션이 좋으면 사람들에게 다가가기도 더 쉽고, 스트레스 상황을 견딜 힘도 더 강해진다. 초콜릿을 좋아하는 사람이라면 카카오

함량이 85퍼센트 정도 되는 양질의 다크초콜릿을 먹으면 될 것이다. 나는 이런 다크초콜릿을 잘게 잘라 뮈슬리에 넣어 먹거나, 레드 와인에 곁들인다. 나는 다크초콜릿을 좋아한다. 내겐 거의 소울푸드다. 다크초콜릿에는 항산화 성분과 트립토판이 풍부하게 함유되어 있다!

따라서 영양은 우리의 수줍음에 직간접적인 영향을 미친다. 물론 나 역시 건강한 음식만을 먹는 것이, 기름지고 달콤한 음식을 멀리하는 것이 늘 쉽지만은 않다. 나는 군것질을 좋아하는 인간이다. 그래서 종종 먹고 싶은 음식을 먹는다. 결국 음식은 기쁨을 줄 수 있어야 하고, 먹기 싫은 것을 억지로 먹는 차원이 되어서는 안 된다. 하지만 더 건강한 라이프스타일을 정립하는 것에 관한 한 '집 안에 쟁여두지 않은 것은 사람을 유혹하지 않는다'는 말이 도움이 된다. 군것질거리를 아예 집에 들여놓지 않으면 사러 나가기 귀찮아서라도 먹지 않게 된다.

/// 변화를 뒷받침하는 주변 환경 만들기

놀라운 것, 새로운 것을 즐긴다는 사람도 있지만 보통 사람들은 안전을 추구하고 익숙한 것을 좋아한다. 안정된 가운데 지속적으로 성장해나가려면 무엇보다 주변 환경이 우리에게 안정감을 주어야 한다. 안정감이란 무언가를 믿을 수 있음을 의미한다. 환경이 안정적이고 한결같아야 앞날을 계획할 수 있고 앞으로 나아갈 수도 있다. 같은 친구들이 있고, 늘 같은 자리에 굳건히 선 보금자리가 있으며, 그곳에서 매일 아침 따뜻한 물로 샤워할 수 있음을 확신하는 등 별것 아닌 것으로 보이는 이런 일관성이 삶의 토대가 되어줌으로써 매일매일 안심하고 살아가게 한다. 변화와 새로움도 안정성이 바탕이 되어야 가능하다.

“우리는 우리가 보는 것이다. 우리는 환경의 산물이다.”

앰버 발레타

이제 이런 질문을 할 수 있다. 환경은 무엇인가? 어떤 것들이 환경에 속하는가? 쉽게 말하면 당신의 머릿속에 있지 않은 것 중에서 당신에게 영향을 미치는 모든 것이 바로 환경이다. 집, 책상, 출근길, 친구, 직장 동료, 당신이 읽는 뉴스, 식습관……. 이 중 이미 앞에서 살펴본 것들도 있다. 여기서는 종합적으로 이런 환경들이 왜 중요한지 살펴보자.

“누구와 친구로 지내는지 말해달라. 그러면 당신이 누구인지 말해주겠다.”

요한 볼프강 폰 괴테

괴테의 의견에 동감한다. 나 역시 긍정적이든, 부정적이든 환경이 사람을 만든다고 확신한다. 문제는 우리가 무의식중에 환경의 영향을 받는다는 것이다. 우리는 우리가 어느 부모 밑에서 태어날지, 어떤 환경에서 자랄지 선택할 수 없다. 그러나 유년 시절의 사회적 환경은 우리의 가치관과 행동에 막대한 영향을 미친다. 살아가다 보면 이를 실감할 수 있다. 그래서 "오, 맙소사! 내가 브뤼힐데 이모랑 똑같은 짓을 하네. 이모처럼 되는 일만은 꼭 피하고 싶었는데……"라고 탄식하기도 한다. 당신의 엄마는 어느 순간 이렇게 외쳤을지 모른다. "너 점점 네 아빠랑 비슷해져 가는구나!" 물론 칭찬으로 하는 말은 아니다. 그렇다. 그렇게 된다.

우리가 사회적인 환경에 얼마나 큰 영향을 받는지를 보여주는 좋은 예는 바로 돈이다. 독일에서 금기시되는 주제, 돈 말이다. "돈을 많이 버는 것은 좋은 일일까 아니면 사람을 망치는 일일까?" 이런 질문을 하면 상당히 대조적인 답변이 나오는데, 답변의 내용은 얼마나 벌어야 '많은' 것인지에 대한 기준에 따라 달라진다. 어떤 환경에서 자랐는지에 따라 '많다'는 것은 서로 다른 차원을 갖는다. 즉 많다는 기준이 주변 환경을 통해 설정되는 것이다. 우리는 부모나 친구 혹은 자신이 얼마를 버는지를 보고, 어느 정도가 '많은' 것이고 어느 정도가 '평범한' 것인지 정한다. 따라서 '평범한' 것은 주변에서 익히 보아온 정도이다. 그 이상은 아니다. 자신보다 더 많이 가진 사람은 부유하고, 적게 가진 사람은 가난하다고 생각한다.

여기서 우리는 우리의 잣대가 절대적인 것이 아니라는 사실을 알 수 있다. 환경은 우리가 의식하지 못하는 사이에 무엇이 평범하고 정상적인 것인지에 대한 기준을 심어준다. 수줍음도 그렇다. 친구들 모두가 수줍으면 그것이 평범하고 보통인 것이 된다.

그리고 그런 경우 '평범함'을 거부하고 변화를 추구하면 주변 사람들은 당신을 이상한 눈초리로 쳐다볼 것이다. 변화를 막고 당신이 그냥 그 자리에 그대로 있게끔 하기 위해 반격을 가해올 것이다. 당신은 자유로워지기 위해 의식적으로 안전지대를 떠나고자 하는데, 주변 사람들은 의식적으로든 무의식적으로든 그것을 방해할 것이다. 변화를 불필요한 것으로 여기기 때문이다. 그러므로 주변 분위기를 점검하고 사람들이 자신의 변화를 가로막는다고 판단되면 주변 사람들의 의견을 의식적으로 무시할 필요가 있다. 평소처럼 문자나 이메일을 보내는 대신 전화 통화를 하고자 하는가? 당신이 이런 결심을 주위 사람에게 말하면 어떤 반응을 보이는가? "아이고, 그럴 필요 없어! 그냥 하던 대로 해. 나처럼 문자 하나 보내면 충분해." 봤는가? 그렇게 시작된다. 별것 아닌 말처럼 생각될지도 모른다. 그러나 실제로 우리를 힘 빠지게 만드는 것은 이런 작은 걸림돌들이다. 그러므로 자신을 바꾸고 싶은 사람은 우선 변화를 뒷받침하고 두둔해주는 주변 환경을 조성해야 한다. 내면에서 솟아나는 거부감을 극복하는 것만 해도 굉장히 힘든데(이를 너무나 잘 알 것이다) 엎친 데 덮친 격으로 주변의 극심한 저항에 부딪힌다면 더욱 곤란해질 것이다. 그러므로 어떻게 하면 주변의 저항이 불필요하게 커지지 않을 수 있는지, 어떤 영역을 고려해야 하는지 살펴보자.

내 취향대로 집 꾸미기

집에서 시작해보자. 당신의 집은 어떤가? 목적에 충실하게 실용적인가 아니면 아늑하고 정서적 만족을 느낄 수 있도록 설계되어 있는가? 집이 수줍음과는 영 관계가 없는 것처럼 생각되는가? 그렇지 않다. 당신의 집은 어느 정도 당신의 인격을 반영한다. 집은 방문하는 사람들에게 당신이 중요하게 생각하는 것이 무엇이고, 가치를 두지 않는 것이 무엇인지를 보여준다. 어떤 주거방식을 선택할지, 집 안을 어떻게 꾸밀지는 온전히 당신의 몫이다. 그러므로 당신의 집도 변화에 기여할 수 있다. 어떻게 그럴 수 있을까?

수줍은 성격이다 보니 이제까지 남의 눈치를 보느라 자신의 욕구대로 집을 꾸미지 못하고 살아왔는지 모른다. 자신의 마음에 드는 가구나 그림을 주변 사람들이 촌스럽다고 생각할지도 몰라서 말이다. 모로코 여행에서 사 온 페르시아 양탄자를 까는 건 어떨까? 차 안에 친구들이 기겁하는 닥스훈트 인형을 두는 것은? 드디어 자기 스타일을 드러내 보이는 데만 해도 용기가 필요하다. 다른 사람들이 뭐라 하든 자신의 취향을 존중해보라! 누가 뭐라 해도 이것은 당신의 자동차이며 당신의 집이다. 이곳에서 당신은 본연의 자신으로 살 수 있어야 한다. 집 안 환경이 새로운 목표로 나아가는 자극제가 될 수도 있다. 가령 사람들과 더 많이 어울리고자 한다면, 집에 사람들과 함께 찍은 사진들을 걸

어두어 즐거웠던 추억을 자주 떠올리는 것도 좋은 방법이다.

책상을 마인드셋 장소로

어째서 책상이 중요할까? 많은 사람이 하루 중 대부분의 시간을 책상 앞에서 보낸다. 그러므로 새로운 목표를 세웠다면 책상 주변에 목표를 상기하고 의욕을 북돋우는 물건들을 배치하면 좋다. 여러 가지 방법을 사용할 수 있는데, 나는 포스트잇을 애용한다. 포스트잇에 인상적인 문장들을 적어 모니터 아래, 자판 옆, 컴퓨터 옆 벽 등에 붙여놓으면 새로운 마인드셋을 더욱 공고히 할 수 있다. 전화하거나 이메일을 쓰거나 다른 일들을 처리하며 무심코 이런 쪽지들을 쳐다보노라면 내가 어떤 시금석에 따라 행동해야 하는지 쉽게 의식할 수 있다. 포스트잇을 여기저기 붙여놓으면 컴퓨터가 켜져 있든, 꺼져 있든 상관없이 기억을 새롭게 할 수 있다.

또 다른 방법은 컴퓨터 배경화면을 활용하는 것이다. 멋진 경치에 멋진 문장이 적힌 사진을 컴퓨터 배경화면에 깐다. 블로그 독자들을 위해 내가 좋은 배경화면을 만들어놓았으니 필요하면 나의 웹사이트(vanilla-mind.de)에서 다운받아 활용해보라. 아름다운 이미지와 고무적인 문장은 새로운 자아로 성장하는 데 도움을 줄 수 있다.

자, 조금만 신경 쓰면 새로운 환경을 만들어나갈 수 있다는 사실을 알았을 것이다. 이미 당신이 지향하는 삶을 살고 있는 사람들이 전해주는 말들을 메모해 주변에 붙이면 의욕이 고취되고, 적절한 자극을 받을 수 있다. 내가 매력적이라고 생각하는 사람 중 하나는 팀 페리스다. 여러 권의 책을 쓴 베스트셀러 작가이자 기업인이며, 비즈니스 앤젤Business Angel(스타트업 기업에 투자하는 개인 투자자-옮긴이), 팟캐스터이자 연설가로서 그 무엇에도 굴하지 않고 자신의 목표를 실행에 옮기는 사람이다. 재밌는 사실은 그가 탱고의 고수로 분당 최다 회전 세계 기록을 보유하고 있다는 것이다. 살면서 시도하는 일마다 그는 늘 같은 원칙으로 임한다. 오랜 세월 굳어진 생각들을 타파하고, 더 빨리 목표에 도달할 수 있는 새로운 길을 찾는 것이다. 나는 이것이 엄청나게 흥미롭다고 생각한다.

출근길에 할 수 있는 간단한 훈련

출근길 역시 환경에 속한다. 그렇다면 출근길은 수줍음과 무슨 관계가 있을까?

방법 1:

현재 당신의 출근길은 어떤 모습인가? 정신없이 집에서 튀어나온 뒤 서둘러 자동차에 올라타고는 지각할까 봐 전전긍긍하며 운전하는가? 자전거를 타고 차량이 꼬리를 문 길을 따라 분주하게 페달을 밟는가? 사람들은 보통 출근하는 데 20분 이상을 쓴다. 사실 이 정도 시간이면 하루를 어떻게 보낼지 다시 한 번 떠올리며 대비하는 좋은 기회로 삼을 수 있다. 가령 (모닝 루틴에서 살펴본) '5분 저널'에 기입한 내용을 떠올려볼 수도 있다. 오늘 하루를 더 좋게 바꿀 수 있는 방법이 무엇인지 생각해보는 것도 좋다. 집에서 좀 더 일찍 나오거나 더 쾌적한 루트를 택하면 어떨까? 그렇게 하면 최소한 불필요한 스트레스를 줄일 수 있고, 출근하는 데 드는 시간을 정신없이 날려 보내지 않고 하루 스케줄을 준비하는 기회로 삼을 수 있다.

방법 2:

출근길에서 수줍음을 줄이는 연습을 할 수 있다. 혹시 자전거나 버스를 타고 출근하는가? 어떤 방법으로 출근하든 아침마다 늘 같은 사람들과 마주칠지 모른다. 일주일에 여러 번 같은 얼굴들을 보면서 그들과 한 번도 인사하지 않는 게 좀 이상하다고 생각되지 않는가? 단지 "구텐 모르겐"이라고 인사할 용기를 내지 못했던 것뿐이다.

늘상 마주치는 사람들과 인사를 나누지 못하는 것이 본인의 수줍음 탓이라고 생각할 것이다. 평소 늘 주눅 들어 있어서 그렇다고, 자신이 문제라고 말이다. 그러나 내가 시도해보고 확인한

바는 좀 달랐다. 대부분의 사람이 상당히 경직돼 있어서 내가 먼저 인사를 건네자 '이게 무슨 상황이지?' 하고 영문 모를 표정으로 나를 쳐다보았다. 그 이후 나는 인사하는 것이 재밌어졌다. 거리에서 만나는 낯선 사람들에게 인사할 때마다 매번 뿌듯함이 느껴진다. 사람들의 반응은 중요하지 않다. 결국 인사를 통해 나 자신이 수줍음을 조금씩 내던질 수 있으니 말이다. 특히나 아침 시간의 기분 좋은 친절함은 하루를 더 유쾌하게 시작하도록 돕는다. 그래서 나는 요즘 조깅하러 나가면 고개를 꾸벅하거나 잠시 손을 들어 다른 조깅어들에게 인사한다. 그러면 어떤 사람들은 어떻게 반응해야 할지 몰라 당황해하고, 어떤 사람들은 미소 짓거나 답인사를 해준다. 그나저나 고개를 꾸벅하거나 잠시 손을 드는 것은 소위 조깅어들이 하는 표준 인사이다. 알아두면 좋다!

일단 한번 시도해보라. 버스정류장에서 자주 마주치는 사람이 있다면, 살짝 미소를 지어보라. 조금 더 용기 낼 수 있다면 친절한 말 한마디를 건네보라. "오늘 날씨가 좋네요!"라고 말이다. 그런 한마디 말을 시작으로 한두 마디 대화가 오갈 수 있다. 모두가 친절하게 반응해준다는 걸 확인하게 될 것이고, 그렇게 당신은 매일 조금씩 더 성장하게 될 것이다.

주변 사람들의 반대를 잠재우기

이제 좀 더 까다로운 단계에 진입한다. 친구들이 지대한 영향을 미친다는 사실을 잘 못 느낄 때가 많다. 특히나 자신과 비슷한 친구들과 어울리는 경우에는 친구들이 본인에게 미치는 영향이 잘 눈에 띄지 않는다. 그러나 스스로 뭔가를 바꾸고자 할 때면 갑자기 모든 친구가 그걸 흔쾌히 지지해주거나 이해해주는 게 아님을 느끼게 될 것이다.

그것은 내가 갑자기 달라졌거나 달라지고 싶은 이유를 명백히 밝히지 않은 탓이기도 하다. 그럴 경우 친구들이 이맛살을 찌푸리며 대체 무슨 일이냐고 묻는 것도 놀랄 일이 아니다. 그러나 한편으로는 친구들이 지금까지 보아온 당신의 모습을 좋게 생각하고, 그것에 익숙해 있다는 뜻이기도 하다. 여기서 친구가 우를 범하는 지점은 당신에게 무엇이 더 좋은지 잘 모른다는 것이다. 그러다 보니 단순히 '호의에서' 당신이 세운 새로운 계획을 탐탁지 않게 생각한다. 그래서 당신에게 용기를 주기보다 그냥 지금처럼 살라고 충고한다. "아, 됐어. 생긴 대로 살아. 지금도 잘 살고 있잖아! 그리고 우리가 있잖아."

자꾸 소극적으로 변하고 도전을 기피할 때마다 공감해주고 이해해주는 친구가 있다는 건 위로가 되는 일이다. 하지만 이런 친구들 때문에 행동하고자 하는 의지가 꺾여버릴 수 있다. 기껏 결심을 다졌는데 친구가 "야, 오늘 널 위해 특별히 맛있는 과자를 구워놨어. 얼른 와. 오늘은 너무 춥잖아. 내일 달려"라고 말하면 유혹을 뿌리치기가 어렵다. 그리고 친구의 말에 따라 달리기를 포기하고 과자를 먹고 수다를 떨고 오면 허탈해진다. 내 목표가 뭐였지? 더 자신감 있고, 주체성 있게 행동하는 것 아니었나?

그렇다면 친구들이 당신의 변화를 탐탁지 않아 할 때 어떻게 해야 할까? 그들과 입씨름하는 것은 지혜롭지 못한 방법이다. 변화를 모색하다가 저항에 부딪히면 그냥 이렇게 말하라. "시험 삼아 해보려고. 해보다가 별 효과가 없으면 그만둘게." 공연한 말씨름을 하지 말라. 자신을 변호할 필요도 없다. 시험 삼아 해본다는데, 누가 뭐라고 하겠는가. 시험 삼아 해보겠다는 말은 친구들의 귀에도 그리 위험하게 들리지 않는다. 그렇게 시간이 지나면 당신이 더 좋은 방향으로 변했음을 감지하고 친구들도 더는 아무 말 하지 않는다.

친구들과 달리 직장 동료는 우리가 선택할 수 없다. 그러나 그들이 미치는 영향도 의식해야 한다. 풀타임 근무자라면 가족과 보내는 시간보다 동료와 보내는 시간이 더 많을 것이다. 그렇다고 해서 그냥 동료들을 따라 하는가? 확실하게 거절을 표명하면 무슨 일이 일어날까 걱정되는가? 틀에서 벗어나기가 정말 어려운가? 여기서도 시험 삼아 한번 시도해보라. 나는 경험을 통해 스스로 경계를 설정하고 본인의 확신대로 밀고 나가는 사람이 더 존중받는다는 사실을 알게 되었다.

롤모델을 고르다

조금씩 수줍음을 떨쳐내고자 한다면, 당신의 뜻을 지지해주는 사람을 찾아야 한다. 지인 중에서 그런 사람을 발견할 수 있을지 모른다. 당신은 굉장히 불쾌하고 스트레스받는 상황인데, 전혀 스트레스받지 않고 덤덤하게 처리해버리는 사람을 보고 놀란 적이 있는가? 변화를 모색하다 보면 그런 사람들이 평소와 다르게 보일 것이다. 이제 그런 사람을 본보기로 삼아보라. 스트레스 상황에서 그들이 어떻게 행동하는지 유심히 살펴보라. 그리고 당신이 어렵게 느끼는 점들에 관해 그들과 이야기를 나눠보라. 그러면 당신 눈에는 쉬워 보였던 것들이 사실은 수년간의 노력의 결과임을 깨닫고 놀라게 될지도 모른다. 제삼자에겐 과정은 보이지 않고 최종 결과만 눈에 들어오는 법이다. 그 사람은 늘 지금처럼 할 수 있었을 것 같지만 꼭 그렇지는 않다. 그러므로 본보기가 되는 친구들과 이야기를 나누며 그들의 전략을 배워보라! 당신보다 인생 경험이 풍부하고, 평정심을 가진 친구가 필요하다. 당신이 이르고 싶은 경지에 이미 도달한 사람들 말이다. 최소한 당신보다 한두 걸음 앞서 있어, 자극을 주고, 의욕을 불어넣어 주며, 성장을 도울 수 있는 사람들이 필요하다. 누구나 친구를 닮아가게 되어 있다. 친구들이 소심하고 선입견으로 똘똘 뭉쳐 있으면 당신도 그런 사람이 될 확률이 높고, 친구들이 담대하고 호기심에 넘친다면 당신도 그렇게 될 확률이 높다.

소중한 삶의 시간을 수줍은 사람들과 함께 보낸다면 당신의 태도는 별로 달라지지 않을 것이다. 불쾌한 상황에서는 얼른 달아나라고, 그것이 정상이라고 서로 고무할 뿐, 함께 소극적으로 살아가게 될 것이다. 안전지대를 박차고 나와 새로운 모험을 시도하게끔 하는 자극은 주어지지 않을 것이다. 그러면 변화는 불가능하다. 그리고 우리 모두는 알고 있다. 정체는 퇴보나 다름없다는 것을.

10대 시절 나와 친하게 지냈던 한 친구는 사람들과 어울리는 걸 무지하게 좋아하는 외향적인 아이였다. 그 애는 늘 사람 많은 곳을 찾아다녔고 나는 집순이 스타일이었기에 종종 갈등을 빚기도 했다. 그럼에도 돌아보면 그런 친구가 있었다는 건 내게 선물과도 같았다. 그 친구가 아니었다면 기껏해야 영화나 가끔 보면서 집에만 머물렀을 텐데 그 친구 덕분에 더 넓은 세계를 경험하고, 거의 반강제로 또래 아이들과 어울릴 수 있었으니 말이다. 나는 그 친구가 다른 아이들과 어떻게 이야기하는지, 대화를 어떻게 이끌어가는지 유심히 살폈다. 때로는 혼자 남겨진 기분이 들기도 했다. 파티에 갔는데 그 친구가 갑자기 사람들 사이로 사라져버리면 나는 낯선 아이들 몇몇과 함께 손에 음료수를 든 채로 멍하니 서 있어야 했던 것이다. 음료수는 그런 뻘쭘한 상황에서 사람을 구원해주는 상당히 좋은 수단이다. 어색해서 말이 안 나오는 상황에서 그냥 빨대를 쪽쪽 빨아대고 있으면 되는 것이다. 그렇게 나는 잡아먹히지 않고 아직 살아 있다.

파티를 좋아할 수는 없었지만, 그래도 그런 곳에서 '자유의 공기'를 킁킁거릴 수 있었던 것, 평균적인 사춘기 아이들이 하는 경험에 동참할 수 있었던 것은 꽤나 흥분되는 일이었다. 홀로 컴퓨터 앞에 쪼그리고 앉아 있는 대신 다른 아이들과 더불어 밤새 쿵쿵대며 귀를 때리는 음악을 들었던 일은 특별한 추억으로 남았다.

요즘 나의 절친이자 나에게 자극을 주는 사람은 바로 남편이다. 그는 내가 스스로 잠재력을 발견하고, 사태를 바로 보게끔 해준다. 내가 다시 달팽이 집 속으로 기어들어 가 불쾌한 상황을 피하려 하면 남편은 지금 내 '내면의 팀' 중에서 누가 주도권을 쥐고 있는지 보라고 쓴소리를 마다하지 않는다. 안전지대에서 한 걸음 걸어 나오는 데 필요한 자극을 준다. 너무 심하게 '푸시'한다 싶어 내가 신경질을 내도 곧잘 참아낸다. 하지만 '푸시'는 필요하다. 인정한다. 남편이 없었다면 나는 지금처럼 블로그에 글을 쓰고, 인터뷰를 하고, 책을 쓰는 사람이 될 수 없었을 것이다. 나는 그를 필요로 한다. 우리는 모두 우리를 믿어주고, 올바른 방향으로 나아가도록 독려하는 사람들을 필요로 한다. 잘못 가고 있을 때, 목표를 잃어버렸을 때 주저하지 않고 그 점을 지적해주는 사람들을 필요로 한다.

도움을 필요로 하고 도움을 받아들이는 것은 좋은 일이다. 세상과 혼자서 싸우지 않고 팀으로 갈 수 있는 것은 행복한 일이다! 내가 이룬 성과들은 나 자신이 잘했기 때문에 얻을 수 있었던 것이 아니다. 나 혼자 잘해 잘됐다는 생각은 대단한 착각이다. 나를 믿어주고 도와준 사람들이 있기에 내가 지금 이 자리까지 올 수 있었다. 블로그의 독자들도 많은 도움을 주었다. 그들이 계속해서 블로그에 글을 올려달라고 나를 고무하지 않았다면, 아마 이 책을 쓰는 일은 없었을 것이다. 이건 확실하다. 특히 뭔가 새로운 것을 시도할 때는 용기를 주는 친구들이 필요하다. "한번 해봐. 잘될 거야. 포기하지 마!"라고 말해주는 사람들 말이다.

수줍음에서 벗어나고 싶다면 자신의 인생에 끼어드는 새로운 사람들을 거부하지 말라. 가식적인 모습 대신, 마음을 열고 진솔한 모습을 보여주어라. 그러면 성장하고자 하는 당신의 소망을 긍정적으로 북돋워주는 친구들을 발견하게 될 것이다.

어떤 정보를 받아들일지 선택하라

우리가 읽는 글들은 의식하지 못하는 사이에 굉장한 영향을 미친다. 온종일 나쁜 뉴스만 보고 듣다 보면 나에게도 나쁜 일이 일어날 것만 같은 기분이 든다. 그리하여 가뜩이나 불안한 마음이 더 불안해진다. 나도 한동안 그랬다. 물론 세상에서 일어나는 일에 관심이 있고, 어느 정도 알아야 하겠지만, 한동안 나는 너무 과도하게 뉴스를 섭렵했다. 하루에도 몇 번씩 「차이트」나 「슈피겔」 사이트에 들어가 닥치는 대로 뉴스를 읽었다. 그래서인지 어느 순간부터 무슨 일이 일어날 것만 같아 자꾸만 심란해졌다. 전 세계에서 일어나는 끔찍한 뉴스들을 매일 보고 들으면 불안과 혼란이 가중된다. 경각심을 느낀 나는 요즘 2, 3일에 한 번씩만 뉴스를 읽는다.

물론 반대의 효과를 노릴 수도 있다. 고무적인 사람들의 이야기를 접하면 용기를 갖게 되고, 이런 사람들을 따라 하고 싶은 마음이 커진다. 더구나 주변 환경이 변화를 잘 지지해주지 못할 땐 이런 이야기가 도움이 된다.

당신은 집안끼리 서로 잘 알고 지내고, 모든 것을 으레 하던 대로 하는 걸 자랑스러워하는 작은 마을에서 나고 자랐는지 모른다. 그러면 변화를 지원해주는 사람을 찾기가 힘들다. 나 역시 경험을 함께 나누고 마음을 터놓을 수 있는 사람을 찾기 힘든 시기가 있었다. 그럴 때 나는 진솔하게 자신의 경험을 털어놓은 책에서 많은 영감을 얻었다. 책이나 잡지, 인터넷에서 마음이 통하는 사람들을 찾아보라. 매일같이 접하는 정보와 읽는 책을 수줍음을 극복하는 고무적인 환경으로 활용할 수 있다.

내 경우는 마음에 와닿는 자서전이나 평전이 도움이 되었다. 역경을 딛고 성공한 사람들의 인터뷰도 자주 읽었다. 그들의 삶에 매료되었고, 그들이 지금과 같은 사람이 되기 위해 어떤 길을 거쳐왔고, 어떤 어려움을 극복해왔는지가 마음에 쏙쏙 다가왔다. 쉽기만 한 인생은 없다. 그리하여 나는 진솔하게 자신의 삶을 들려주는 글들을 좋아한다.

누구와 무엇을 먹을 것인가, 식습관

이제 데자뷔가 느껴질지도 모르겠다. 당연한 일이다. 영양은 이미 앞에서 살펴보지 않았는가. 하지만 나는 '반복 학습'을 높이 평가하는 사람이다. 따라서 다시 한 번 이 주제의 중요성을 상기하고 넘어가고자 한다. 식습관은 운동과 비슷하다. 자신에게 유익하도록 신경 쓰는 만큼 에너지와 의욕을 선물받을 수 있다. 그렇다고 지금까지의 삶의 방식을 송두리째 바꿔야 한다는 말은 아니다. 작은 것에서 시작해 약간의 변화를 도모해보라. 식사가 달콤한 간식처럼 변하면 혈당치가 널을 뛸 것이고 앞에서 살펴본 대로 의지력을 발휘하기가 어려워질 것이다.

양질의 영양과 건강한 신체의 중요성은 아무리 강조해도 지나치지 않다. 더불어 함께 식사하는 사람도 중요하다. 그들이 주로 패스트푸드를 좋아하는가 아니면 균형 잡힌 식사에 신경 쓰는가? 이들이 식습관 변화에 함께해줄 수 있는가?

자, 환경과 관련한 '인풋'은 이제 충분히 제공했다. 환경의 힘을 절대로 경시해서는 안 된다. 목표에서 벗어나 헤매거나 노호하는 파도에 이리저리 떠밀리는 돛단배가 된 것 같은 기분이 든다면 환경이 그렇게 만들었다고 확신해도 좋다. 부정적인 의미에서 말이다.

목표를 시야에서 잃지 말고, 마음이 잘 통하는 사람들을 찾아

라. 그들이 당신과 함께하며, 믿어주고 용기를 줄 것이다. 잘 안 되는 부분을 나누고 도움 구하기를 꺼리지 말라. 그러다 보면 정신적으로 성장하고 강인해질 것이며, 두려움이 점점 줄어들 것이다.

수줍은 사람들 6

나는 그렇게 만만한 사람이 아니랍니다

원래는 뭔가 창조적인 일을 하고 싶었어요. 세련된 광고 회사에서 일하거나 사진가가 되거나 예쁜 잡지를 만들거나……. 지금은 5년째 아버지가 운영하는 난방 및 위생설비 업체에서 일하고 있어요. 세일즈 교육을 받은 직후 즉흥적으로 가업을 이어가기로 결정한 것이죠.

그렇게 시작한 이 일이 오늘날 때로 너무 벅차다고 느껴져요. 사무실은 주로 나 혼자 지키고 거래처도 혼자 상대하죠. 내가 내 상사인 셈이에요. 사실 난 뒷전에 물러나 있기를 좋아하는 성격이에요. 사람들 앞에 나서서 말해야 할 때면 얼굴이 빨개지곤 하죠. 남의 시선에 신경을 잘 쓰고요. 한마디로 자신감이 없어요. 그러다 보니 다른 사람들에게 공격받기 쉽죠. 유독 나 같은 사람만 노려서 공격하는 사람들이 있어요. 그럼에도 나는 이 일이 나쁘지 않아요. 꽤 자유롭기도 하고요. 근 5년간 우여곡절을 많이 겪으며 회의에 빠지기도 하고 울기도 하다 보니 그런대로 강해졌어요. 다른 사람들의 눈에 나는 종종 콧대 높고 자만한 여자로 보여요. 내가 자신 없는 티를 내지 않으려고 과도하게 자신만만한 척 행동하기 때문이죠. 그러니까 결국 역효과를 내는 거예요. 속으로는 실패할까 봐, 다른 사람들의 기대에 부응하지 못할까 봐, 원하는 모습이 되지 못할까 봐 두려워요. 용기가 없을 때가 많아요. 잘나가는 여자들을 보면 주눅이 들고, 나 자신이 못나 보여요. 그럴수록 힘이 빠져요. 자신을 인정하고 나 자신에게 충실하기는 참 어려운 것 같아요. 하지만 주체적으로 살아가려면 가장 중요한 연습이죠. 자기 자신으로 살기, 늘 그렇게 남기! 애써볼게요.

막시의 경험담

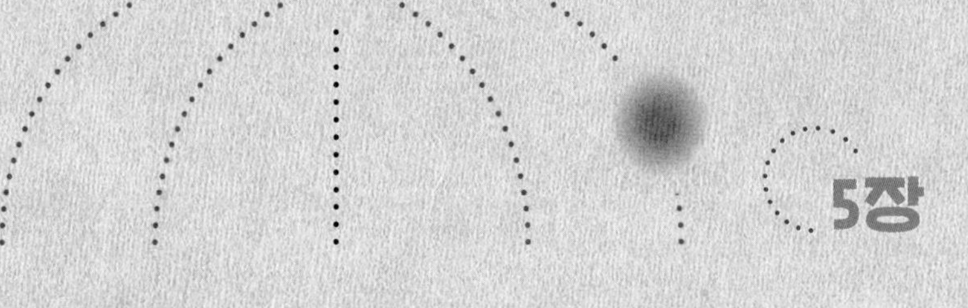

5장

당당한 수줍음쟁이로 살아가기

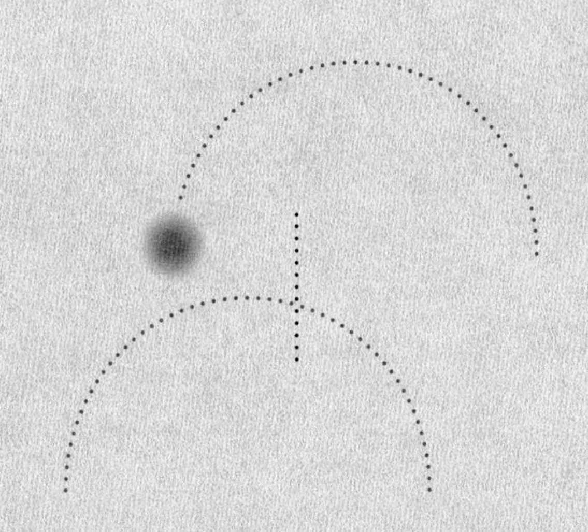

//

//

지금까지 '수줍음 안 타기 버전 2.0'을 실행하기 위한 제안과 팁을 소개했다. 하지만 아직 한 가지, 삶의 속도를 늦추고 쉬어주는 일의 중요성은 언급하지 않았다. 이제 독자들은 고개를 갸우뚱할 것이다. 수줍음이 삶의 속도를 늦추는 것과 무슨 관계가 있느냐고 말이다. 나는 이제껏 아이디어와 제안들을 퍼붓다시피 했다. 그런데 분명한 것은 마음의 균형이 무너지면 변화에 필요한 에너지를 동원하고, 호기심을 계발하고, 다르게 행동하기가 힘들다는 것이다. 그러면 장기적으로 수줍음을 극복하고 안전지대를 넓힐 의욕이 나지 않는다. 스트레스가 지속되는 바람에 일상을 '절전 모드'로만 지내면 새로운 인풋이 버겁게 다가오기 마련이다. 지금도 당신은 이렇게 생각할지 모른다. '뭐 이리 할 게 많아? 하루하루 사는 것만으로도 힘들어 죽겠는데, 뭐 이렇게 이것저것 많이 해보라는 거지?'

변화에는 시간과 에너지가 든다. 이 점에는 모두 이견이 없을 것이다. 그러나 스트레스가 많은 상태에서는 아무리 자신에게 유익한 일일지라도 부담으로만 다가오기 마련이다. 이런 경우에는 성장과 발전이 불가능하다!

스트레스를 받고 있다면 해결책은 단 하나다. 나만을 위한 시간을 마련하는 것이다. 나 자신을 충만케 하기 위해 별도의 스케줄을 잡아라. 자신의 욕구를 채워주지 못하면 지지부진한 상태를 면치 못하고, 어느 순간 폭발하고 만다. 그도 그럴 것이 그저 기계처럼 기능하며 살아가게 되기 때문이다. 그러므로 더욱 자주 속도를 늦추는 법을 배워야 한다. 언뜻 모순적으로 들리지만 의식적으로 삶을 향유하며 느리게 갈 때 오히려 답보 상태에 머무르지 않고, 새로운 도전과 변화로 나아갈 마음이 생긴다. 따라서 일상에 적극적으로 고요와 무無를 끼워 넣는 법을 배워야 할 것이다.

/// 아무것도 하지 않는 시간

나는 온종일 사부작거리며 생각과 계획을 멈추지 않는 스타일이다. 계속해서 뭔가를 메모하고, 새로운 정보와 인상을 가능하면 많이 수집하고자 한다. 어째서인지 거의 강박적으로 그래야 한다고 생각해왔다. 교양 있는 시민은 결코 배움을 멈추지 말아야 하는 것 아니겠는가. 그 밖에도 늘 집안일이 밀려 있다. 설거짓거리가 쌓여 있고, 오븐도 청소해야 한다. 옷장은 뒤죽박죽된 지 오래고, 세탁기를 자주 돌려도 빨랫거리는 늘 밀려 있다. 게다가 매일 '집밥'까지 해 먹어야 하지 않는가.

사실 이 모든 걸 매일 꼭 해야 할 필요는 없다. 거절하지 못해 주말에 약속을 잡을 필요도 없다. 일상을 살아내고, 가족들을 챙기고, 내 몸이 진정으로 원하는 것에 귀 기울이는 것 외에는 아무것도 할 필요가 없다.

바깥세상은(무엇보다 직업 세계는) 효율성을 강하게 추구하고, 경쟁에서 뒤처지면 안 될 것 같은 분위기를 짙게 풍긴다. 경쟁자보다 더 빨리, 더 높이, 더 멀리 가야 할 것만 같다. 한숨 돌릴 만한 여유로움을 허락하지 않는다. 다른 사람들은 당신에게 이런 시간을 허락하지 않는다. 그러므로 내가 나에게 이런 시간을 주어야 한다! 진정한 회복은 효율성을 추구하지 않는 시간에 일어나니까 말이다. 아무것도 하지 않는 시간을 가져보라. 뭔가 해야 할 것 같아 자꾸 몸이 근질거리고 에너지를 어디로 보내야 할지 몰라 어쩔 줄 모르는 심정이 될지도 모른다. 그러나 바로 그런 순간을 의식적으로 지각하는 가운데 회복이 시작된다.

나는 의식적으로 여유 시간을 갖는다. 가능하면 매일 마련한다. 한 살 한 살 나이를 먹어가면서 내가 책임져야 할 일은 더 늘어가고, 삶이 그리 호락호락하지 않다는 사실을 더욱 실감한다. 힘의 한계를 경험하는 일도 많다. 서른 살 정도는 젊으니 천하무적으로 살 수 있을 것 같았지만, 간혹 몸과 마음이 '스톱' 표지판을 들 때가 찾아오고, 무언가가 계획대로 되지 않거나 예기치 못한 일이 일어날 때 비축된 에너지가 얼마나 빨리 바닥나는지를 실감한다.

의식적으로 나 자신을 위한 시간을 가지면서 나는 일상에서 패닉이 찾아와도 더욱 편안하게 연착륙할 수 있게 되었다. 삶은 늘 순조롭게만 진행되지 않는다. 예기치 않은 사건들이 우리를 매우 심란하게 만들기도 한다. 특히나 분주하게 시간에 쫓기며 살다 보면 작은 일들이 일상을 무너뜨릴 수 있다. 신경이 아주 날카로워져서 스마트폰만 울려도 가슴이 철렁하고 심장이 두근거리며, 매 순간 급한 일이 끼어들어 일상을 방해할 것만 같아 스트레스받은 마음이 쉽사리 균형을 찾지 못할 때도 있다.

이럴 때 스마트폰을 멀리 두고 좋은 차를 한 잔 마시거나 마음에 드는 책을 20분 정도 읽는 것만으로도 마음이 안온해지고, 꼭 그렇게 치열하게 살아야 하는 건 아니라는 생각이 든다. 우리는 1년에 한 번 정도 그리도 고대하던 휴가를 떠나곤 한다. 하지만 휴가를 떠나서 정말로 심신을 회복하고 오는가? 내 경험상 여행을 하거나 휴가를 보내는 것만으로는 여러 달 동안 축적돼온 스트레스와 긴장을 날려 보내는 데 역부족이다. 휴가에서 돌아오자마자 마음은 도로 복닥거리고, 다시금 어딘가로 도망가고 싶어 견딜 수 없는 마음이 된다.

진정한 삶은 짧은 휴가가 아닌 매일의 일상에서 살아내는 것이다. 그러므로 매일 리듬 있게 '작전타임' 시간을 끼워 넣는 것이 중요하다. 때로는 여유롭게 시간을 투자하여 쉬어주고, 자신을 충만케 해야 한다. 귀중한 시간을 낭비한다고 생각하지 말라. 우리는 윤활유 칠한 톱니바퀴처럼 그저 '기능'하기 위해 사는 것이 아니다. 아무것도 하지 않고 쉬는 시간을 스스로에게 허락하라.

여가 시간마저 뭔가에 쫓기는 기분으로 보내고 있지 않은가.

하루 쉬는 날마저 뭔가 그럴듯한 일을 해야 한다는 강박에 시달리고 있지는 않은가. 그러다 보면 여가 시간이 의무적으로 해야 하는 스케줄이 되어버린다. 보람 있게 보내지 않고, 빈둥대면서 시간을 효율적으로 쓰지 못했다는 자책감이 든다. 그러나 본디 자유 시간은 무엇을 할지 규정해놓지 않은 빈 시간이 아니겠는가. 다시 앞으로 나아가려면 규칙적으로 '풀어주는' 시간이 필요하다. 머릿속에 가득한 생각을 내려놓고 아무것도 하지 않는 시간이 필요하다. 특히 수줍은 사람들의 경우 다시금 새로운 것에 마음을 열고 안전지대에서 한 걸음 내딛으려면 이런 빈 시간이 절대적으로 필요하다.

자신이 무엇을 할 때 재충전되고, 정서적 균형이 잡히는지 잘 모르는 사람이 많은 듯하다. 가령 쉰다고 텔레비전을 보는 경우가 많은데 텔레비전은 뇌에 필요한 휴식을 제대로 선사하지 못한다. 뇌는 우리가 일하고 경험한 것들을 처리할 시간적 여유를 필요로 한다.

쉬고 싶을 때 나는 간혹 승마 수업을 받는 상상을 한다. 덴마크로 휴가를 간 적이 있다. 그곳 목장에서 산책을 하는데 조랑말 몇 마리가 내 쪽으로 다가오길래 부드러운 콧잔등을 쓰다듬어 주었다. 그때 형언할 수 없는 평온함이 느껴졌다. 나는 '집에서도 이런 느낌을 느껴볼 수 있다면 얼마나 좋을까!' 생각했다. 나는 줄곧 도시에서 자랐기에 강아지, 고양이, 비둘기를 제외한 모든 동물이 신기하기만 하고, 간혹 그런 동물을 마주하고 나면 기억에 오래 남는다. 자연을 가까이하고, 자연이 허락하는 그 안정감과 에너지를 의식하는 것은 효율성에 내몰린 우리 세계에서 잃어서는 안 될 귀중한 자원인 듯하다.

지금 나는 다행히 교외에 살아서 집 밖에 나가자마자 환상적인 녹지대를 볼 수 있다. 하루에 한 번 정도 산책로에 나가 숨을 돌리는데 그때가 바로 내가 재충전하는 시간이다. 당신은 무엇을 좋아하는가? 무얼 하면 특히 힐링 되는가? 책 읽기, 그림 그리기, 바느질, 산책, 목욕……? 마음의 균형을 잡기 위해 새로운 취미를 찾아도 좋을 것이다. 종류는 무궁무진하다. 마음을 편안케 하고 정서적 만족감을 주는 것을 찾아보라. 작은 것이 큰 차이를 불러온다는 걸 실감하게 될 것이다.

/// 거절도 연습이 필요하다

스스로에게 '예'를 선언하고 새로운 목표를 향해 나아가려면 때로 다른 많은 일에 '아니요'를 선언해야 한다. 좋아하고, 하고도 싶지만 힘이 모자라서 불가능한 활동에도 때로 '아니요'를 선언해야 한다. 어떻게 하면 그럴 수 있을까? 앞에서도 말했듯이 예전에 나는 뭔가를 그만두거나 거절할 때마다 정말이지 곤혹스러웠다. 누가 내게 도움이나 충고를 부탁하면, 거절하기가 무척 힘들었다. 상대방이 뭘 원하는지가 분명하기 때문이었다. 거절을 힘들게 만드는 중요한 이유는 무엇이었을까? 여기 그와 관련하여 해야 할 것과 하지 말아야 할 것들을 세 가지씩 정리해보았다.

해야 할 것

다음 세 문장으로 나는 친절하지만 확실하게 선을 긋는다.

1. **"나를 떠올려줘서 고마워요. 하지만 이번에는 아쉽게도 해줄 수 가 없네요."**

   자신을 떠올리고 연락한 사람에게 감사를 표하는 것은 상대를 존중하는 훌륭한 일이다.

2. **"평소 같았으면 해줄 텐데, 오늘은 내가 좀 바빠서요."**

   이 말에 이의를 달 사람은 없다! 굳이 이것저것 구차한 변명을 늘어놓지 말라. 물론 이 말을 받아들일 마음이 아예 없는 사람도 있을 것이다. 그는 자신이 얼마나 스트레스를 받고 있는지, 얼마나 힘든 상황인지 강조할 것이다.

   예전에 툭하면 내게 자질구레한 부탁을 해오는 사람이 있었다. 나는 그 사람에게 부탁하지 않는데, 그는 일방적으로 자신의 일을 부탁했다. 나뿐 아니라 주변 사람들에게 모두 이런저런 부탁을 했다. 마음 약한 사람들은 계속 이 사람의 부탁을 들어주었고, "지금은 좀 곤란한데……"라고 운을 뗐다가도 어찌어찌하다 보면 그 사람의 설득에 넘어가 그가 원하는 대로 해주고야 말았다. 그러므로 타협하지 말라. 당신의 의사를 명백히 하라.

3. **“인터넷에서 검색해봤어? 어느, 어느 사이트에 가면 꽤 좋은 해결책들이 올라와 있던데.”**

   조언을 필요로 하는 사람에게 직접적으로 거절하지 않고 이런 식의 해결책을 제안해주면 좋다. 셀프헬프를 돕는 것이다. 대부분의 사람은 그것에 감사해한다. 구글만 검색해도 궁금해하는 정보나 팁을 얻을 수 있다. 그러니 당신이 굳이 머리를 맞대고 앉아서 오랜 시간 그의 문제를 붙잡고 전전긍긍할 필요가 없다.

하지 말아야 할 것

당신의 시간은 소중하다. 다른 사람의 시간도 소중하다. 그러므로 다른 사람이 당신에게 시간을 내어준다면 감사한 일이고, 당신 역시 그들의 시간을 함부로 뺏어서는 안 된다. 모두 이런 자세로 살아야 한다. 남의 시간을 축내는 걸 별것 아닌 일로 치부하고, 거저 얻는 걸 당연하게 생각하는 사람이 있다. 이런 사람들에게 시간과 에너지를 쏟는 건 아까운 일이다. 번번이 응해주면 당신의 수고를 당연하게 여기며, 작은 일만 생겨도 달려와 도움을 부탁할 것이다. 거절해야 하는 상황이 오면 다음의 세 가지 생각은 하지 말도록 하라.

1. **‘부탁을 거절하면 그/그녀가 나를 더는 좋아하지 않을지도 몰라.’**

더는 이용 가치가 없다고 해서 당신을 좋아하지 않는다면 장기적으로 인생에서 정리해도 될 사람이다! 간단하다. 그런 사람들은 전혀 아쉽지 않다. 당신을 존재 자체로 좋아하는 게 아니라 이용 가치로 보는 사람이 과연 당신의 인생에 좋은 영향을 줄까? 인정받기 위해 거절을 못 한다면 당신이 치러야 할 대가는 너무 크다.

2. **'모두가 나를 이기적인 인간이라고 생각하면 어떻게 하지?'**

할 수 없는 건 할 수 없는 것이다. 이기주의와는 아무런 상관이 없다. 이기적인 인간이라고 생각할까 봐 우려한다는 것 자체가 바로 당신이 이기적이지 않다는 걸 보여준다. 내가 부탁을 거절했다는 이유로 누군가가 내게 이기적이라고 비난하면(대부분 직접 그렇게 말하지는 않지만 미묘하게 변죽을 울리면) 나는 그것을 나를 조종하려는 시도로 여긴다. 그런 사람들은 내 인생에 별 도움이 안 된다. 한편 그보다 더 중요한 질문은 이것이다. 내가 부탁을 거절했다는 이유로 누군가가 나를 정말로 이기주의자로 여길까 아니면 그냥 내 우려일 뿐일까? 친구가 시간이 없다고 말한다면 당신은 그 친구를 이기주의자라고 부를 것인가? 그렇지는 않을 것이다.

3. **'야호, 난 누군가에게 필요한 사람이구나!'**

내게 이것은 넘기 힘든 벽이다. 대부분의 사람이 그런 듯하다. 누군가에게 잘해주면 기분이 좋고, 보람이 느껴진다. 누군가에게 필요한 존재가 되고, 소중한 사람이 되는 건 아름다운 일이다. 하지만 한도 끝도 없이 그런 존재가 될 수는 없다. 여력이 닿는 한 할 수 있다. 자신의 경계를 잘 분간해야 한다. 모든 사람을 도울 수는 없다. 나는 이 책을 시작하면서 다른 사람들을 돕는 것이 내 삶의 커다란 원동력이라고 이야기했다. 하지만 그건 내가 도와줄 만한 여력이 있을 때의 이야기다. 경계를 무시하고 희생하는 것은 아무에게도 도움이 되지 않는다.

수줍은 사람들 7

남을 위한 일인지 나를 위한 일인지 생각해야 해요

주변 사람들에게 내가 평소 어떠냐고 물으면 절대로 "수줍은 사람"이라는 소리는 나오지 않을 거예요. 세미나 같은 걸 할 때 능동적으로 참여하니까요. 에너지가 넘치고 불쾌한 주제에 대해 적극적으로 나서서 토론해요. 가만히 앉아 있기보다 이목을 집중시키는 주인공이 되는 편이죠. 자세히 보기 전에는 그것이 나의 일면일 뿐이라는 걸 몰라요. 사실 한편으로 나는 사람들 앞에서 이야기하는 걸 힘들어하거든요. 특히 낯선 사람들 앞에서는 말이에요. 사람이 많은 곳에 있으면 불편해요. 부담스럽지요.

내가 '큰소리'를 낼 수 있는 건 다른 사람들을 위한 일일 때만이에요. 상사를 변호한다든지, 동료를 위해 변명한다든지……. 그렇게 해야 한다는 생각이 들 때만이요. 하지만 내 필요에 관한 일일 때는 갑자기 조용해져요. 다른 사람들을 비판하기가 힘들고, 내가 원하는 걸 말할 수가 없어요. 구두 브랜드 같은 문제가 아니에요. 차라리 사고 싶은 구두나 옷 같은 건 쉽게 말할 수 있어요. 하지만 누군가가 내게 "바라는 게 뭔지, 특정한 것에 대해 어떻게 생각하는지, 중요하게 생각하는 것이 무엇인지, 지금 형편에서 달라졌으면 하는 게 무엇인지" 등을 물으면 갑자기 말문이 막혀요. 선뜻 대답을 못 하거나, 얼버무리게 돼요. 그나마 이런 질문을 하는 사람이 드물다는 게 나로서는 다행이라고 할까요.

내가 원하는 걸 겉으로 드러내 말할 수 없을 뿐 아니라, 무엇을 원하는지 도무지 모르는 것이 동전의 양면처럼 공존해요. 그러다 보니 누가 시키거나 부탁한 일들만 해요. 누군가가 내게 어떤 일을 하라고 하면 그게 옳은 일이겠거니, 그걸 하면 되겠거니 하지요. 그렇게 나는 다른 사람들의 기대를 채워줘요. 기대가 조금 커도 부응하려고 해요. 사생활에서는 그래도 발을 뒤로 빼고 이런 저런 기대 앞에서 어떻게 하면 좋을지 생각하기라도 해요. 하지만 직장에서는 어떻게든 맞추려고 노력하죠. 더 빨리, 더 집중해서 일하고, 어떻게 하면 더 많은 일을 동시에 해결할 수 있을까 강구해요.

뭐, 나쁘지는 않아요. 요즘 시대에 적응력이 있는 건 좋은 점이니까요. 하지만 문제는 심신이 감당할 수 있는 능력이 제한되어 있다는 거예요. 갑자기 한계가 느껴지며 이렇게 계속 갈 수는 없다는 생각이 들어요. 그러면 사적인 일에는 신경 쓸 여력이 남지 않아 직업적인 일에만 매진하게 되지요. 결국 먹고살아야 하니까요. 친구들을 만나거나, 파트너와 시간을 보내는 것 같은 다른 모든 활동을 줄여요. 힘들게 일하면서 몸을 해치지 않으려면 운동을 해야 한다고 생각해서 요가나 유산소 운동을 해요. 하지만 의무적으로 하는 여가활동들이 마음을 채워주지 못하면 더 힘들어져요. 그러다 신체가 완전히 말을 듣지 않으면 번아웃이라 부르는 상태가 되지요. 말이 번아웃이지 우울증이에요. 원인이 있어서 나타난 결과인 만큼 원인을 손봐야 해요. 누군가 내게 이렇게 말하며 정곡을 찌르더라고요. "당신 자신이 중요하다는 말을 아무도 해주지 않았군요"라고 말이에요. 이것이 나에 대한 진단이었어요. 이 말이 가히 충격으로 다가와서, 일주일 내내 그 말을 떠올리며 울고 다녔어요.

그 외에도 난 ADHD를 가지고 있어요. 내성적이고 조용한 버전의 ADHD이죠. 그러다 보니 집중력을 발휘하기가 힘들고 마음이 늘 분주해요. 진득하니 편히 쉴 수도 없고 심란하고 불안하죠. 생산성을 발휘하는 시간을 기본 상태로 상정하고, 내내 이런 생산성을 발휘하려고 해요. 아무튼 그 '진단'을 들은 이후 내 소망을 표현하는 연습을 하려고 노력하고 있어요. 나를 위해 시간과 에너지를 쓰고 심신이 원하는 바를 깨닫고 실행하려고 해요. 꼭 요가만 하라는 법 있나요. 나는 내 삶을 변화시켰어요. 다른 사람들처럼 비싼 돈을 지불하고 세계 여행을 하지는 않아요. 일상에도 만족감을 주는 것이 많으니까요. 가장 큰 변화는 새로운 일을 찾았다는 거예요. 오랫동안 끌고 다녔던 짐을 벗어 던지는 과정에서 애먼 사람들에게 상처를 주기도 했죠. 주변 사람들은 늘 내가 곁에서 그들의 기대에 부응해주던 것에 익숙해져 있었거든요. 그런데 이제 내 뜻대로 살려다 보니 그들의 기대에 응할 수가 없었어요.

하지만 모두 서서히 상황에 익숙해지더라고요. 나는 좀 더 마음을 열고 내가 어떤 기분인지, 무엇이 필요한지 이야기해요. 매번 그렇게 하지는 않지만 필요할 때마다 이야기하죠.

내 변화를 가장 받아들이지 못한 사람은 바로 엄마였어요. 나는 나 자신을 '구하기' 위해 엄마의 삶을 대폭 변화시켰어요. 엄마의 저항을 딛고 변화를 밀고 나가야 했던 그 시간이 내게도 가장 힘들었어요. 이제 엄마도 절반쯤 나를 이해하게 되어서 다행스러워요. 어쨌든 엄마도 이 일을 통해 더 긍정적으로 바뀌었고요.

물론 늘 모든 것이 쉽지는 않아요. 변화는 쉬운 길이 아니에요. 나는 매일 나 자신을 돌아보며 어떤 일이 정말로 수고할 만한 일인지, 내게 좋은지, 아니면 오직 다른 사람들을 위한 일인지 점검해요. 그리고 필요할 때마다 '작전타임' 시간을 갖고, 일과 쉼의 균형을 이루려고 신경 쓰죠. 일은 아직도 많이 해요. 무엇보다 재미있기 때문이에요. 하지만 필요할 때는 쉬어줘요. 이제 균형을 최우선으로 생각해요. 나는 아직 내게 가장 적합한 여가활동을 찾아내지 못했어요. 하고 싶은 것, 상상해보는 것은 많아요. 하지만 실천은 못 해보고 있어요. '몸이 따라줄까, 내가 정말 할 수 있을까, 했다가 무리가 오면 어쩌나' 두려움이 들죠. 나와 내 몸에 대한 신뢰를 슬슬 회복해야 할 듯해요. 그리고 난 아직 젊으니 마음을 진정 '힐링'시켜주는 것을 발견할 때까지 이것저것 시도해보면 되리라 생각해요.

베라의 경험담

/// 이제는
행동할 때

자, 거의 다 왔다. 당신은 수줍음을 극복하는 데 도움이 되는 방법과 장애물을 알고 있으며, 다른 여성이 어떻게 수줍음을 극복해왔는지도 엿볼 수 있었다. 이제 많은 해법과 팁을 갖게 된 당신은 어떻게 해야 할까? 내가 개인적으로 좋아하면서 이런 상황에 딱 알맞은 문장은 바로 이것이다.

"쉽다면 누구나 다 할 것이다."

그렇다. 자신이 어떤 사람이 될 것인지 스스로 선택하고 주체적으로 삶의 고삐를 쥔 채 나아가는 사람은 그리 많지 않다. 살다 보면 제발 한순간이라도 자신을 정직하게 바라보면 좋겠다는 생각이 드는 여성들을 보게 된다. 자신을 객관적으로 점검하고 피해의식에서 벗어난다면 얼마나 좋을까. 그러나 스스로 변화할 준비가 되어 있지 않은 사람에겐 외부에서 주는 도움이 그리 큰 힘을 발휘하지 못한다. 자신의 인생이 이렇게 된 이유를 외적인 상황 탓으로 돌리면서 조건의 열악함만 탄식하는 사람이 많다. 그런 사람은 이런 문장을 염두에 두어야 할 것이다.

"우연은 준비된 자에게만 미소 짓는다."

루이 파스퇴르

스스로 돕지 않으면 우주도 돕지 않는다. 본인이 영향을 미칠 수 있는 범주에 있는 것들은 스스로 해나가야 한다. 자기 세계는 자신이 책임져야 한다. 수줍음을 해결해주는 성배 같은 것은 없다. 우리는 각자 자신의 관점을 변화시키고 자신을 다른 눈으로 보는 훈련을 해나갈 수 있다.

스스로 기회를 포착하라

세상의 시간을 모두 가진 것처럼 미루고 있는가? 하지만 당신은 세상의 시간을 모두 가지고 있지 않다!

어디로 가고 싶은가? 5년, 10년, 15년 뒤에 어떤 모습으로 존재하고 싶은가? 삶의 시간은 귀중하며, 무엇보다 제한되어 있다. 시간을 소중하게 활용하지 않으면 삶을 허비하게 된다. 게다가 변화에는 시간이 많이 든다. 더 나이가 들면 변화의 가능성은 점점 줄어들고, 두려움에 잘못된 선택을 할 수도 있다. 물론 일단 아무것도 하지 않으면서 그냥 기다리는 것도 일종의 선택이다. 하지만 수줍음과 관련해서는 언제나 좋은 선택이 아니다. 두려움은 나쁜 조언자다! 변화하고 싶지만 두려움이 너무 큰가? 안전지대를 떠나는 것은 장기적으로 그 전에 갖지 못했던 결정력을 획득한다는 의미이기도 하다. 두려움 없이 용기 있는 자신의 모습을 그리고 있다면 지금 이 순간부터 그런 사람이 되기로 결심하라. 내일이나 주말로 미루지 말라.

자신이 누구이고, 자신 속에 어떤 잠재력이 있는지를 보여줄 기회를 우연에 맡기지 말라. 인생은 캐스팅 쇼가 아니다. 가만히 있는데 누가 와서 발견해주는 것이 아니다! 자신이 하고 싶은 일이 있다면 꿈만 꾸어선 안 된다. 성공을 원한다면 하고 싶은 일을 밀고 나가야 한다. 나는 가만히 앉아서 감이 떨어지기를 기다리지 않는다. 기다리는 건 정말 끔찍하다. 나는 기다리는 걸 잘하지 못한다. 나는 나이 들어서까지 근거 없이 내 머릿속에만 존재하는 자기 의심에 시달리며 괴로워하고 싶지 않다. 당신도 그럴 것이다. 그러니 스스로 기회를 포착하라!

실패를 받아들이다

“성공은 열정을 잃지 않는 가운데 실패를 거듭하는 능력이다.”

윈스턴 처칠

좌절은 정상적인 일이며 진보로 가는 과정이다. 일시적인 실패는 완전한 실패가 아님을 잊지 말라! 나는 삶에 걸림돌이 생겨도 크게 개의치 않으려 한다. 중요한 건 ‘이런 장애물을 어떻게 생각할 것인가’ 하는 점이다. 살다 보면 운명과 싸워야 하는 경우가 생긴다.

얼마 전에 우리 부부는 몹시 힘든 1년을 보냈다. 성경의 욥 이야기가 생각날 만큼 굵직굵직한 비보가 우리 삶에 찾아들었다. 갑자기 우리는 두 환자를 매일같이 돌봐야 했다. 그간 익숙했던 일상은 순식간에 엉망이 되었고, 어떤 계획도 세울 수 없는 상태가 되었다. 우리는 위임장을 작성하고 이 병원, 저 병원을 전전해야 했다. 계속해서 안 좋은 소식이 이어졌고, 새롭게 닥치는 일들을 해결해야 했다. 그때 찾아온 깨달음이 ‘삶에서 선택할 수 있는 것은 아무것도 없지만 이 상황을 어떻게 받아들일지는 선택할 수 있다’는 것이었다!

그러자 마음이 고요해졌다. 어떤 상황에서든 매일매일 사람을 정신적으로 건강하고 낙천적으로 만들어주는 아름다운 것들을 발견할 수 있음을 알았기 때문이다. 물론 더 안 좋은 상황에 처할 수도 있다. 하지만 우리는 늘 이렇게 자문해야 한다. “이런 상황에 어떻게 대처할까? 계속 힘차게 나아가며 아름다운 것들을 볼까, 아니면 그냥 포기해버릴까?”

스트레스를 받아 간혹 두려움에 압도된다 해도 개의치 말라. 그것은 아주 정상적인 일이고 언제나 일어날 수 있는 일이다. 적응해나가면 된다. 중요한 건 지속하면서 이미 이룬 멋진 성공들에 주목하는 것이다. 그런 것들을 떠올리다 보면 실패를 더 쉽게 극복할 수 있고, 호기심과 의욕을 잃지 않을 것이다.

한 발 한 발 성공을 향해

자세히 보면 성공은 늘 있다. 내게 성공이란 작은 걸음을 소중히 여기는 것이다. 일상 속 눈에 띄지 않는 작은 것들에 눈길을 주는 것이다. 나는 마주치는 사람들에게 기꺼이 미소를 짓고자 한다. 낯선 사람들에게 미소 지어주는 것? 때로는 쉽지 않다. 하지만 수줍음을 극복하고 웃어줄 수 있다면 그 자체로 상당한 발전 아니겠는가? ‘난 여태 뭘 하고 살았지?’ 생각하며 비참한 기분에 빠져드는 대신, 누군가에게 진심 어린 칭찬을 해줄 수 있다면 그 역시 작은 성공이다! ‘5분 저널’은 내가 매일 작은 성공의 순간들을 자랑스러워하고, 현재에 충실할 수 있게 도와준다.

'대체 언제쯤 목표에 도달할 수 있을까'라는 생각이 든다고? 이렇게 묻자. 당신은 목표를 어떻게 정의하는가? 완벽에 도달하는 것은 중요하지 않다. 목표를 100퍼센트에 놓지 않을 때 삶은 훨씬 더 수월해진다. 사실 100퍼센트가 어느 정도인지 누가 알겠는가. 그건 그냥 환상일 따름이다. 대부분 자신에 대한 과도한 기대에서 비롯된다. 좌절이 예정되어 있는 게 당연하다.

내 목표는 자유롭게 생각하고 결정하는 것이다. 마음챙김을 통해 두려움을 이해하고 조절할 수 있음을 알게 되었을 때 나는 이런 목표에 도달했다. 물론 말은 쉽다는 사실을 잘 알고 있다. 하지만 독자들이 이 책을 용기를 불어넣어 주는 책으로 읽어주었으면 좋겠다. 이 책을 통해 두려움을 조절하고 수줍음을 극복할 수 있는 자극과 영감을 얻기를 바란다.

그 밖에 수줍은 성격에도 좋은 면이 많다는 사실을 잊지 말라. 겸손하고 신중하고 사려 깊은 태도는 세상이 필요로 하는 놀라운 덕목이다. 모든 이가 다 당돌하고 거리낌 없이 행동한다면 세상은 어떤 분위기가 되겠는가. 세상이 아름다워지려면 다양한 특성과 성격이 필요하다. 다만 수줍음 때문에 좋은 기회를 놓치거나 삶의 목표를 이루지 못한다면 그건 안타까운 일이다. 수줍은 성격이라고 해서 본인 몫을 챙기지 못하거나 가능성을 발휘하지 못하고 살아서는 안 될 것이다. 그렇지 않아도 녹록지 않은 삶에서 본인이 본인의 길을 가로막을 필요는 없지 않겠는가. 주어진 기회를 포착하기 위해 매일 새롭게 용기 내는 게 그리 쉽지 않다는 걸 나는 너무나도 잘 안다. 하지만 두려움을 조절한다면 좀 더 자기 본연의 모습으로 살아갈 수 있을 것이고, 머릿속의 자유가 행동으로 옮겨갈 수 있을 것이다. 그렇게 사는 것이 얼마나 근사한 느낌인지 모른다!

주

1. The Long Shadow of Temperament, Kagan, J. (2004)

2. Structural Differences in Adult Orbital and Ventromedial Prefrontal Cortex Predicted by Infant Temperament at 4 Months of Age, Carl E. Schwartz, MD; Pratap S. Kunwar, MS; Douglas N. Greve, PhD; et al. (2010)
http://jamanetwork.com/journals/jamapsychiatry/fullarticle/210501

3. The Cost of Shyness, Bernardo Carducci, Philip G. Zimbardo (1995)
http://www.psychologytoday.com/articles/199511/the-cost-shyness

4. Die Gaben der Unvollkommenheit: Leben aus vollem Herzen, Brene Brown, Verlag J. Kamphausen (2012)

5. Zart besaitet: Selbstverständnis, Selbstachtung und Selbsthilfe für hochsensible Menschen, Georg Parlow, Festland Verlag (2010)

6. Contributions of Dopamine-Related Genes and Environmental Factors to Highly Sensitive Personality: A Multi-Step Neuronal System-Level Approach, Chunhui Chen, Chuansheng Chen, Robert Moyzis, Hal Stern, Qinghua He, He Li, Jin Li, Bi Zhu, Qi Dong (2011)
http://journals.plos.org/plosone/article?id=10.1371/journal.pone.0021636

7. Sensory-processing sensitivity predicts performance on a visual search task followed by an increase in perceived stress, Gerstenberg F. X. R. (2012)
https://www.researchgate.net/publication/230556950_Sensory-processing_sensitivity_predicts_performance_on_a_visual_searchtask_followed_by_an_increase_in_perceived_stress;
The trait of sensory processing sensitivity and neural responses to changes in visual scenes, Jagiellowicz J, Xiaomeng X., Aron A., Aron E., Guikang C., Tingyong F., et al. (2011)
http://www.ncbi.nlm.nih.gov/pubmed/20203139

8. Miteinander reden 3 – Das 'innere Team' und situationsgerechte

Kommunikation, Friedemann Schulz von Thun, Rowohlt, Reinbek (1998)

9. Menschliche Kommunikation: Formen, Störungen, Paradoxien, Paul Watzlawick, Janet H. Beavin, Don D. Jackson. Hogrefe, vorm. Verlag Hans Huber; 13., unveränderte Auflage

10. The Spotlight Effect in Social Judgment: An Egocentric Bias in Estimates of the Salience of One's Own Actions and Appearance, T Gilovich et al. J Pers Soc Psychol 78 (2), 211-222. 2 (2000), https://www.ncbi.nlm.nih.gov/labs/articles/10707330/

11. Neil Gaiman – Commencement Speech To The University Of The Arts Class Of 2012; https://www.youtube.com/watch?v=ikAb-NYkseI

12. Das Buch für Schüchterne: Wege aus der Selbstblockade, Borwin Bandelow; Rowohlt Taschenbuch Verlag; 2. Auflage (2008)

13. Physical Posture: Could It Have Regulatory or Feedback Effects on Motivation and Emotion? John H. Riskind, George Mason University; Carolyn C. Gotay, University of British Columbia, Vancouver (1982)

14. Small Talk – Die hohe Kunst des kleinen Gesprächs, Doris Märtin und Karin Boeck, Heyne Verlag (1999)

15. Self-control relies on glucose as a limited energy source: Willpower is more than a metaphor, M. Gailliot et al. (2007), Journal of Personality and Social Psychology, 92(2), 325-336

16. Long term behavioral change, B. J. Fogg
https://www.youtube.com/watch?v=fqUSjHjIEFg

17. Making health habitual: the psychology of 'habit-formation' and general practice, Benjamin Gardner, Phillippa Lally, Jane Wardle; Health Behaviour Research Centre, Department of Epidemiology and Public Health, University College London (2012)
https://www.ncbi.nlm.nih.gov/pmc/articles/PMC3505409

18. Wieso Achtsamkeitsmeditation vor Depressionen schützen kann: Erkenntnisse aus der Hirnforschung, Philipp Keune, Vladimir Bostanov in Psychiatry Research (2013)
https://publikationen.uni-tuebingen.de/xmlui/handle/10900/46075

19. Self-Affirmation Improves Problem-Solving under Stress, J. David Creswell, Janine M. Dutcher, William M. P. Klein, Peter R. Harris, John M. Levine (2013)
http://dx.doi.org/10.1371/journal.pone.0062593

20. I Can't Accept Not Trying, (Englisch) von Michael Jordan; Random House Value Publishing (16. Juni 1996)

21. Exercise and Physical Activity in Mental Disorders: Clinical and Experimental Evidence, Elisabeth Zschucke, Katharina Gaudlitz, Andreas Ströhle (2013)
https://www.ncbi.nlm.nih.gov/pmc/articles/PMC3567313

22. Understanding nutrition, depression and mental illnesses, T. S. Sathyanarayana Rao, M. R. Asha, B. N. Ramesh, and K. S. Jagannatha Rao (2008)
https://www.ncbi.nlm.nih.gov/pmc/articles/PMC2738337/#CIT11

23. Brain foods: the effects of nutrients on brain function, Fernando Gómez-Pinilla; Nature Reviews Neuroscience 9, 568-578 (2008)
http://www.nature.com/nrn/journal/v9/n7/abs/nrn2421.html

24. Darm mit Charme: Alles über ein unterschätztes Organ, Giulia Enders, Ullstein Verlag (2014)

옮긴이 유영미

연세대 독문과와 동 대학원을 졸업했으며 현재 전문 번역가로 활동하고 있다. 아동 도서에서부터 인문, 교양과학, 사회과학, 에세이, 기독교 도서에 이르기까지 다양한 분야의 번역 작업을 하고 있다. 옮긴 책으로는 『왜 세계의 절반은 굶주리는가?』『내가 생각하는 내가 진짜 나일까?』『불행 피하기 기술』『혼자가 좋다』『예민함이라는 무기』『불확실한 날들의 철학』『마흔, 처음에는 좀 아찔했지만』 등이 있다.

한 수줍음쟁이의 세상 정복기

1판 1쇄 펴낸 날 2020년 6월 10일

지은이 | 멜리나 로이어
옮긴이 | 유영미

편 집 | 안희주
경영지원 | 진달래

펴낸이 | 박경란
펴낸곳 | 심플라이프
등 록 | 제2011-000219호(2011년 8월 8일)
주 소 | 경기도 파주시 광인사길 88 3층 302호 (문발동)
전 화 | 031-941-3887, 3880
팩 스 | 031-941-3667
이메일 | simplebooks@naver.com
블로그 | http://simplebooks.blog.me

ISBN 979-11-86757-60-4 03190

• 이 도서의 국립중앙도서관 출판예정도서목록(CIP)은 서지정보유통지원시스템 홈페이지(http://seoji.nl.go.kr)와 국가자료종합목록 구축시스템(http://kolis-net.nl.go.kr)에서 이용하실 수 있습니다.(CIP제어번호: CIP2020019547)